神奇的自然地理百科丛书

远航的起点和终点——港口

谢宇◎主编

花山文艺出版社

河北·石家庄

图书在版编目（CIP）数据

远航的起点和终点——港口 / 谢宇主编. — 石家庄
:花山文艺出版社，2012（2022.2重印）
（神奇的自然地理百科丛书）
ISBN 978-7-5511-0668-9

Ⅰ．①远… Ⅱ．①谢… Ⅲ．①港口－中国－青年读物
②港口－中国－少年读物 Ⅳ．①U659.2-49

中国版本图书馆CIP数据核字 (2012) 第248539号

丛 书 名：神奇的自然地理百科丛书
书 　 名：远航的起点和终点——港口
主 　 编：谢 　宇

责任编辑：冯 　锦
封面设计：袁 　野
美术编辑：胡彤亮
出版发行：花山文艺出版社（邮政编码：050061）
　　　　　（河北省石家庄市友谊北大街 330号）

销售热线：0311-88643221
传 　 真：0311-88643234
印 　 刷：北京一鑫印务有限责任公司
经 　 销：新华书店
开 　 本：700×1000　1/16
印 　 张：10
字 　 数：140千字
版 　 次：2013年1月第1版
　　　　　2022年2月第2次印刷
书 　 号：ISBN 978-7-5511-0668-9
定 　 价：38.00元

前　言

　　人类自身的发展与周围的自然地理环境息息相关，人类的产生和发展都十分依赖周围的自然地理环境。自然地理环境虽是人类诞生的摇篮，但也存在束缚人类发展的诸多因素。人类为了自身的发展，总是不断地与自然界进行顽强的斗争，克服自然的束缚，力求在更大程度上利用自然、改造自然和控制自然。可以毫不夸张地说，一部人类的发展史，就是一部人类开发自然的斗争史。人类发展的每一个新时代基本上都会给自然地理环境带来新的变化，科学上每一个划时代的成就都会造成对自然地理环境的新的影响。

　　随着人类的不断发展，人类活动对自然界的作用也越来越广泛，越来越深刻。科技高度发展的现代社会，尽管人类已能够在相当程度上按照自己的意志利用和改造自然，抵御那些危及人类生存的自然因素，但这并不意味着人类可以完全摆脱自然的制约，随心所欲地驾驭自然。所有这些都要求人类必须认清周围的自然地理环境，学会与自然地理环境和谐相处，因为只有这样才能共同发展。

　　我国是人类文明的重要发源地之一，这片神奇而伟大的土地历史悠久、文化灿烂、山河壮美，自然资源十分丰富，自然地理景观灿若星辰，从冰雪覆盖的喜马拉雅、莽莽昆仑，到一望无垠的大洋深处；从了无生气的茫茫大漠、蓝天白云的大草原，到风景如画的江南水乡，绵延不绝的名山大川，星罗棋布的江河湖泊，展现和谐大自然的自然保护区，见证人类文明的自然遗产等自然胜景共同构成了人类与自然和谐相处的美丽画卷。

　　"读万卷书，行万里路。"为了更好地激发青少年朋友的求知欲，最大程度地满足青少年朋友对中国自然地理的好奇心，最大限度地扩展青少年读者的自然地理知识储备，拓宽青少年朋友的阅读视野，我们特意编写了这套"神奇的自然地理百科丛书"，丛书分为《不断演变的明珠——湖泊》《创造和谐的大自然——自然保护区 1》《创造和谐的大自然——自然保护区 2》《历史的记忆——文化与自然遗产博览 1》《历史的记忆——文化与自然遗产博览 2》《流动的音符——河流》《生命的希望——海洋》《探索海洋的中转站——岛屿》《远航的起点和终点——港口》《沧海桑田的见证——山脉》十册，丛书将名山大川、海岛仙境、文明奇迹、江河湖泊等神奇的自然地理风貌一一呈现在青少年朋友面前，并从科学的角度出发，将所有自然奇景娓娓道来，与青少年朋友一起畅游瑰丽多姿的自然地理百科世界，一起领略神奇自然的无穷魅力。

　　丛书根据现代科学的最新进展，以中国自然地理知识为中心，全方位、多角度地展现了中国五千年来，从湖泊到河流，从山脉到港口，从自然遗产到自然保护区，从海洋到岛屿等各个领域的自然地理百科世界。精挑细选、耳目一新的内容，更全面、更具体的全集式选题，使其相对于市场上的同类图书，所涉范围更加广泛和全面，是喜欢和热爱自然地理的朋友们不可或缺的经典图书！令人称奇的地理知识，发人深思的神奇造化，将读者引入一个全新的世界，零距离感受中国自然地理的神奇！流畅的叙述语言，逻辑严密的分析理念，新颖独到的版式设计，图文并茂的编排形式，必将带给广大青少年轻松、愉悦的阅读享受。

编者

2021年8月

目　　录

第一章 中国港口巡礼

◉ ◉ ◉　◉ ◉ ◉ ◉ ◉ ◉

　　中国的港口之多，可称得上世界之最。在中国18000千米海岸线上，大大小小的港口有1000多个。其中海港95个、河港57个、渔港700个，还有遍及南北的众多军港。

　　最著名的海港：东北有大连港、旅顺港，华北有天津港、秦皇岛港，华东北部有烟台港、青岛港、连云港，华东南部有上海港、宁波港、温州港、福州港、厦门港，隔海相望的有台湾的基隆港、高雄港，华南和海南有广州港、香港港、湛江港、北海港、三亚港等。众多的港口，像颗颗璀璨的明珠镶嵌在中国的海岸线上。

　　中国的海港几乎都有一部屈

货运繁忙的香港港口

辱的历史。清朝末年，腐败的清政府，把港口主权拱手让给帝国主义列强。帝国主义列强通过港口大量倾销鸦片和廉价商品，掠夺中国的资源，搜刮民脂民膏，不知道毒害了多少中国百姓。而中国的黄金白银、农产、矿产却从自己的港口，源源不断地流入他人之手。中国的港口，中国人无权管辖，帝国主义军舰却像出入自己家门一样，随心所欲地横冲直撞。当中国港口回到中国人民手中的时候，港口处处破败，一片凄凉。

"振兴港口、发展港口"是新中国成立后党和政府的决心，也是广大人民群众的愿望。第一个五年计划期间，中央政府掀起第一个港口建设高潮。各主要港口纷纷行动起来，整修码头、扩建货场、增添机械、疏通航道，从南到北，处处热火朝天。天津港仅用一年多一点时间，就完成了规模巨大的建港工程。1952年10月17日，塘沽新港正式开港，这是新中国自己兴建的第一个大型海港。在湛江滩头，建设者自行勘测、设计和施工，拼搏数年，使湛江港旧貌变新颜，世代肩扛背

驮的码头工人，第一次看到龙门大吊车举起巨臂，禁不住心潮激荡。

中国的港口建设，在"文化大革命"中遭受了很大的挫折。"文化大革命"结束后，港口建设乘改革开放的东风，像骑上骏马般飞速发展，新建港口不断出现，老港口焕发出勃勃生机。最北部的大连港，历史悠久，素以不冻港著称。改革开放使它面貌一新，吞吐能力大大增强，是渤海经济区的"金项链"。与大连港相距不远，有发展势头迅猛的秦皇岛港，这里已有众多的深水泊位，码头海岸线长达十几千米。世界上有一个超级港口，

港口夜景

就是荷兰的鹿特丹港，有人预言秦皇岛有条件成为"东方鹿特丹"。天津港具有河港兼海港的特色，天津新港是我国最大的人工港，可供20余艘万吨巨轮同时靠泊、装卸，1个可堆放6000多只集装箱的专用码头已经投产使用。早在1921年，孙中山先生在他的《建国方略》中就已经描绘了建立东方大港的宏图。孙中山先生的夙愿，今天已在宁波北仑港实现，中国最大的现代化矿石码头已在这里建成。素有"海港花园城"之称的湛江港，经过几十年的发展，特别是改革开放以来的建设，规模得到扩展，设施更加完善，是西南和华南水陆运输的重要枢纽，成为开发大西南的一把"金钥匙"。广州港、黄埔港是一对姊妹港，它们地处祖国南大门，是全国对外贸易的重要口岸。20世纪80年代以来，广州港、黄埔港注重利用外资，引进先进技术，加快了仓储、装卸手段的升级换代，现代化水平引人注目。

除了上面说的，最令人称道的还是上海港。如今的上海港，各国商船云集，成为"世界风帆博览会"会场。从吴淞口到闵行，港域横跨黄浦江两岸，绵延62千米，上百个深水泊位连成一串，全国著名的高效机械化煤炭专用码头、石油专用码头、矿石专用码头、客运专用码头、国际集装箱专用码头都在这里。目前每年进出上海的大小船舶约30万艘次。

上海已与世界上180多个国家和地区、500多个港口、600多家航运企业建立了海上运输进出口贸易往来。有15条国际集装箱班轮航线，每月向50多个国家和地区发出约290个航班，可直达北美、欧洲、大洋洲、波斯湾、地中海及东南亚、东北亚等地；还有沿海、长江等11条国内支线，每月58个班次。上海现有水运企业270多家，其中从事国际航运的公司16家，外商航运机构近80家。仅1995年，上海开通的远洋国际班轮航线从年初的28条猛增至年底的54条。

有句话说得好：港口衰，国家衰；港口兴，国家兴。我国港口的兴旺，是社会发展、经济腾飞的一个缩影。我们有理由相信，明天的港口更美好，明天的中国更美好。

第二章

●●●

新世纪的使命 ——重返海洋

●●●●●●●●●●●●●

21世纪必将是人类重返海洋、全面开发利用海洋的新时代。我国是人口最多的沿海大国,人均陆地资源短缺,实现民族振兴、国家强盛和建设更加美好的未来,应该也必将越来越多地依赖海洋。

那么,占地球面积70%的海洋,其开发的资源潜力如何呢?请看国家海洋信息中心提供的一组数字:

据调查,海底蕴藏着1350亿吨石油,占世界可开采石油储量的45%。大洋海底表面分布有镍、铜、钴、锰等70多种元素的金属结核,资源量约3万亿吨。如果能够完全开采上述这四种金属,全世界可使用上千年。

世界海洋中生存着约20万种生物,其中海洋动物18万种,海洋植物6646种,海洋真菌约500种,海洋原生生物约12000种。海洋生物的蕴藏量约342亿吨,其中浮游生物215亿吨、底栖动物100亿吨、游泳生物10亿吨、海洋植物17亿吨。仅海洋动物就有325亿吨,而大陆上的动物还不到100亿吨。据估算,每年海洋鱼类的生长量约6亿吨,在不破坏资源的情况下每年可捕获3亿多吨海洋水产品,是目前海洋渔获量的3倍多。

海水总体积为13.7亿立方千米,占地球上总水量的97%以上。海水中含有多种元素,据计算,海水中含有食盐4亿亿吨、镁1800

万亿吨、钾500万亿吨、溴95万亿吨、银5亿吨、金500万吨、铀45万吨（相当于陆上铀矿储量的4500倍）。海水还含有200万亿吨重水，这是用于核聚变的宝贵原料，将成为21世纪电力的重要来源之一。

波涛汹涌的海水，永远不停地运动着，潜藏着巨大的能量。这种能源可以再生，海水不尽，它就永远用不完。据估算，海洋再生能源的蕴藏量约1582亿千瓦，其中波浪能700亿千瓦、潮汐能30亿千瓦、海流能1亿千瓦、温差能20亿千瓦、盐差能10亿千瓦。这些能量比地球上全部动植物生长所需的能量要大许多倍。此外，海洋还有广阔的、可利用的空间。

总之，海洋资源相当丰富，具有广阔的开发前景。正因为如此，在人类面临人口、资源、环境三大危机的情况下，采用先进的科学技术开发海洋不仅大有可为，而且也是解决三大危机的重要出路。

对于国家，对于人类，海洋之重要，已自不待言。一方面，新技术革命已为人类大规模开发利用海洋提供了现实可能；另一方面，被人口、资源、环境危机苦苦困扰着的人类，也只能将目光转向这片富有而神奇的蓝色沃野。

波涛汹涌的海水

世界环境与发展委员会在1987年发表的《我们共同的未来》中指出，海洋开发与管理，对于21世纪的可持续发展至关重要。1991年，第45届联合国大会做出决议，敦促各国把开发海洋列入国家发展战略；1992年，联合国环发大会通过的《21世纪议程》也敦促各沿海国重视海洋开发；1994年，《联合国海洋法公约》生效实施，为世界各国的海洋开发确立了基本的竞赛规则……

于是，各国纷纷调整或制定自己的海洋政策和战略，努力赶上这班本已晚点的世纪航船，以最大限度地从海洋中获取自己的利益。

中国是一个海洋大国，拥有绵长的海岸线和丰富的海洋资源，处在太平洋经济圈的重要位置上。但是，中国却不是一个海洋强国。在以陆地为依托的农耕文明发展史中遥遥领先的中国，却在海洋文明竞赛中被远远甩在了后面。

今天，中国被国际海洋"万国竞渡"的惊涛骇浪惊醒了！这个世界上最大的人口群体正在抖擞精神，重返海洋文明的大潮。

第三章

中国古代的海洋运输业

早在原始社会时期，生活在中国沿海地区的居民就已开始利用海洋资源了。各种文物古迹和考古发现证明，早在4000多年前，定居在沿海地区的居民就已经大规模采拾贝类作为食物，并开始"煮海为盐"。

至夏、商、周时代，中国沿海渔民创造了各种渔具和捕鱼方法，从事渔业生产。

秦汉以后，海洋渔业、海水制盐和航海事业有了长足进步，沿海居民"靠海吃海"，内部分工已比较细致。

隋唐以至宋、元、明、清各代，海洋经济依然是在制盐、捕鱼、造船、航海等这些传统产业内进行量上的扩张，技术水平进展缓慢，没有什么质的变化，经济组织结构至明清时，才出现资本主义生产关系萌芽，但由于受到强大的封建制度的束缚，没有形成什么气候。

特别值得一提、令中国人骄傲的是，明代大航海家郑和组织了当时世界上最为壮观、先进的庞大船队，进行了最长距离的远洋航行，探索通往印度洋沿岸各国的新航线。但这种非经济目的的航行及新航路的发现，并未能刺激中国的航海贸易，使之成为激活国民经济的重要因素。郑和航海在很大程度上是封建王朝显示国威、炫耀国力的一种形式。

至近代，中国虽以丧权辱国拉

开了近代史的序幕，并在其间上演了一幕幕悲惨的弱肉强食的血泪剧，但毕竟中国人受到了刺激，悟出了"师夷长技以制夷"的道理，有识之士开始自强求存，"实业救国"。中国海洋经济就是在这样的大背景下得以发展的。

从这时起，中国开始制造机动船舶，用来运货、载客，航行于沿海以至东南亚；开始用机动船舶进行近海捕捞；盐化工业的发展推动了海盐制取业的发展。1929年，

《渔业法》《公海渔业奖励条例》之类的海洋渔业法规相继出台，无疑是个进步，尽管并未得到真正的实施，1936年中国海水产品产量约达100万吨，创下近代记录。到1949年，全国轮船公司有116家，向政府登记的船舶有3830艘。但由于西方列强挟不平等条约、"海外法权"的护身符，加上其经济实力雄厚、管理技术先进，国际贸易、沿海和远洋运输等海洋经济项目，几乎被他们垄断。

古代航海文物

第四章　中国的海洋运输业

一、连接五大洲的海洋运输

有一首诗这么说过：虽然我们生活在不同的大陆，但连接我们的是——海洋。

海洋连接着各大洲，依靠的是海洋中船舶的运输。由此，海洋运输业在当今世界经济中的重要性不言而喻。

据统计，2002年世界海运船舶共有10600多艘，集装箱30多万标准箱位，3000多万净载重吨。世界海运的总载重量为71990万载重吨。其中，希腊船队的总载重量居世界首位，占世界运载量份额的18.3%；第二是日本，其船队占世界份额的13.2%；第三是挪威，占世界份额为7.5%；美国居第四，占世界份额的6.4%；中国居第五，占

世界份额的5.3%。以下依次为中国香港（占世界份额的4.3%）；德国（占4.1%）；韩国（占3.5%）；中国台湾省（占2.8%）；新加坡（占2.6%）。以上前十位国家和地区占世界份额达68%。

由于海洋运输业承担了各国进出口贸易货运量的绝大部分份额，它所辐射的上游产业几乎包括国民经济范畴的所有产业，如农业、轻工业、化学工业、重工业以至金融保险业、社会服务业和科研事业等；而其辐射的下游产业则包括国民经济范畴的大部分产业，特别是海洋经济中的港口业、造船修船业等；同时，海洋运输业本身在从事国内外客货运输的营运过程中所产生的效益也是相当可观的。因此，海洋运输业的发展对于一个国家的国民经济发展具有举足轻重的作用。

海运连接五大洲

中国国际海运事业在改革开放30多年来有了较大的发展。目前，中国国际海运船队拥有船舶2500多艘，3700多万载重吨，居世界海运总运力的第五位。但从船队结构来看仍不尽合理。

2000年国际海运市场对油船、集装箱船的需求量较大，天然气、液化气船的发展较快，对杂货船、客船的需求量正在下滑。而中国散装船在船队比例中所占比例最大，占总载重吨的55.9%；占世界散装船总运力的8.3%，居世界第三位。但大型散装船少，单船的平均载重量只有4.25万吨，缺乏竞争力。中国船队中油船总载重吨数量占15.1%，居世界第二位；中国油船总运力虽居世界第八位，在世界份额中仅占1.9%，比第一位的希腊所占18.8%的份额相距甚远，而世界前4位所占份额超过了总量的50%。集装箱船在中国船队中居第三位，所占比重为13%，虽在世界集装箱船运力总量中所占份额为5.7%，居世界第四位，但与第一位德国所占22.4%的份额相比，差距也很大。杂货船（占中国船队总运力的7.1%）、多用途船（占中国船队总运力的6.2%）在中国船队中分列第四、第五位，其他船型所占比例较小。

另一方面，中国船队的平均船龄虽为15.7年，但杂货船的船龄已达22.94年，液化石油气船龄也达21.94年；只是由于12.2年的油船和13.5年的集装箱船船龄较小，才把船队的平均船龄拉了下来。为了参与世界海运市场的竞争，今后还须对中国国际海运船进行结构调整和升级更新，并大力发展滚装运输船舶、液化气船。同时要发展集装箱船、油船以及高速客船、客滚船等特种船舶、专用船舶，加速淘汰老旧船舶，以提高我国海运船在国际海运市场上的竞争力，促进我国海运业的迅速发展。

二、海洋运输促进港口业繁荣

海洋运输的基地是海港，我国海洋运输业的发展是与沿海港口的快速发展分不开的。我国从1978年掀起了海港建设热，至2003年年末，我国沿海已基本形成了大中小

海运业造就了港口的经济发展

港口配套，综合港、专业港、渔港与军港协调发展，传统码头与集装箱码头并举的港口体系。沿海港口已拥有中级以上生产性泊位2416个，其中深水泊位646个，总吞吐能力达12亿吨，完成货物吞吐量13亿吨，位居美国、日本之后列世界第三位。外贸吞吐量达5.24亿吨，并已经形成1800万TEU（国际标准箱）的集装箱进出口量，是世界集装箱运输增长最快的国家。

海运业也造就了我国港口经济的发展。如我国广东的深圳港，其集装箱吞吐量近年来一直以高于60%的年增长率高速发展。2000年深圳集装箱吞吐量达399.4万TEU的集装箱，其中，国际班轮航线数量和航班离岸量位居全国第一。以港口为主的物流业产值在当年该市国内生产总值的比重达到8%以上。由此可见，港口经济的发展对深圳经济有多么大的促进作用。

当今的港口经济已成为海洋经济以至国民经济的重要组成部分。

港口经济作为第三产业，在一些发达国家和发达地区已成为当地经济强有力的支柱。比如在我国香港特别行政区，其港口及相关产业的产值已占香港生产总值的20%，就业人数也占香港总就业人数的20%。而在日本的名古屋、神户两大港口，其港口及相关产业产值占当地国内生产总值的比重竟分别达到40%和32%。可见发展港口经济的重要意义。

第五章　辽宁省的港口

一、大连港

1．港口介绍

大连港位于辽东半岛最南端，是中国北方最大的国际贸易港口之一。港口三面环山，一面环海，港阔水深，终年不淤不冻，自然条件非常优越，是驰名中外的天然良港。

大连港以中国东北和内蒙古东部地区为经济腹地，每年腹地70%以上的海运物资通过铁路、高速公路和地下输油管线经大连港进出。大连港不仅是连接东北、华北、华东等地区的水路交通枢纽，也是东北亚、东南亚与欧洲各国通连的最佳海陆交会点。经东北铁路网和公路网，大连港还连接着俄罗斯和朝鲜，可通过西伯利业大铁路，成为亚欧大陆桥的起点。依托自身的区位优势，大连港通过建立和完善海上航运网络，已与世界上160多个国家和地区、300多个港口建立了经贸航运往来关系。

大连港自1899年开港以来，几经扩建改造，港口年通过能力接近1亿吨，已经拥有集装箱、原油、成品油、煤炭、散粮、散矿、化肥、滚装等73个现代化专业泊位，成为集疏运条件优良、设备设施配套齐全、服务功能完善的大型现代化综合性港口。

1995年年底，大连港有陆域面积8平方千米，水域面积346平方千米；码头泊位65个，长度为11981米，最大靠泊能力为10万吨级；库场面积136.4万平方米；装卸机械1041台辆（以上均不含货主及地方码头）。1995年大连港完成货物吞吐量6416.8万吨。其中：外贸3118万吨，集装箱37.4万TEU；

依海而建的大连市区

本港吞吐量完成5102.4万吨，占全港吞吐量的79.5%；石油、粮食、金属矿石、钢铁、煤炭等前5位大宗货物完成5457万吨，占全港吞吐量的85%；完成旅客吞吐量509.1万人次，其中本港完成456.7万人次，占全港旅客吞吐量的89.7%。"八五"期间港口完成的主要工程项目有：大窑湾一期前四个泊位于1992年12月竣工，新增生产能力260万吨/年；大窑湾铁路工程于1995年12月具备通车条件，新铺铁路12.9千米；新港出口产品油码头工程于1995年10月完工并通过局内验收，新增生产能力397.7万吨/年；客/车滚装运输泊位于1993年12月竣工，新增生产能力125万人次/10万辆车次/年；燃供基地于1994年12月竣工，新增泊位一个，长218

米；大窑湾一期工程后6个泊位"八五"期间完成了2个泊位的水工建筑。

目前，大连港已与日本北九州港、伏木富山港、横滨港，美国奥克兰港、休斯敦港，加拿大温哥华港，俄罗斯符拉迪沃斯托克港以及国内的深圳港缔结了友好港口关系。

大连港的大窑湾新港区是国家重点开发建设的国际深水中转港之一，已建成泊位11个，远期规划建设80个～90个泊位，实质成为具有集装箱、散矿物和油品转运功能的深水专业化码头群的现代化新港区。经历了百年风雨洗礼的大连港，正致力于多功能、全方位、现代化国际大港的建设，它将一如既往地秉承"货主需求是我们的责任，货主满意是我们的标准"的理念，竭诚为中外用户提供优质、高效的服务。

2．自然概貌

气温：年平均气温10.4℃，7月份气温最高，月平均温为23.5℃。1月份气温最低，月平均温为−5.9℃。

风：全年以北及西北风最强，次数最多。春、夏季以南风居多，冬季以北风及西北风最强。

降水：年平均降水量为600毫米。7、8、9三个月雨量集中，降水量可占全年的2/3。

雾：每年入春以后，雾逐渐增加，多发生在早晨。7月份雾最多，持续时间长，对船舶出入稍有影响。9月份以后很少有雾。

冰：本港每年冰冻期为1月初至3月初，港区有的年份可有部分结冰，约为60天，结冰厚度为5毫米～20毫米，对船舶航行靠泊无影响。

航道：大港区航道底为淤泥，设计水深10米，航道宽度270米，长度2500米，吃水在10米左右的船舶可随时进出。香炉礁航道水深8米，宽100米。甘井子航道底为淤泥，设计水深9米，宽180米。新港原油码头航道为天然航道，水深17.5米，宽300米。大窑湾港航道为天然航道，水深10.7米，宽210米。大连湾码头航道为天然航道，水深9.5米，宽100米。寺儿沟—栈桥航道9.5米，宽120米。

防波堤：全港共有防波堤9座，总长7000米。其中大港区的东、西、北三面有防波堤环抱，东口门宽度360余米，外国籍船舶主要从东口门进出港口。

二、旅顺港

旅顺是著名的军港。来到这个军港，人们似乎又能听到昔日的炮声，看到旧时的硝烟。从古到今，多少次战争都发生在这里，其中最著名的要数中日甲午海战和日俄战争。

旅顺在辽东半岛的南端，大连市的西边，隔海与山东半岛的烟台和威海遥遥对峙，似一对大门，组

旅顺港近景

成渤海的门户；扼住渤海门户的旅顺又是京津的咽喉，素有"京津门户"之称。

旅顺港三面环山，港口开向东南，东面是黄金山，西南是老虎尾，两山环抱，中间一口；港口航门狭小，仅容一舰出入；内分东西两港，水位较深，可停泊大型船只；而且冬季不冻，是闻名于世的军事要塞，也是世界五大军港之一。

秦汉以前，旅顺名叫将军山。汉朝初年，它就成为沓氏县（今金州区）的一座港口，三国东吴的军队航海到辽东时，就是从旅顺登陆的。晋、隋、唐之际，这里又改名为马石津。辽、金、元时期，因旅顺雄狮踞滩，故又名狮子口。明朝时，先后在旅顺修建了两座城，一曰北城，一曰南城。北城主要为军事机关所在地，南城则为当时海运支司和军需仓储之地。明朝和清朝的军队，都曾在旅顺发生多次激战。清康熙五十四年，又重新修了旅顺北城，从此称为新城，未修的南城则称为老城。清光绪年间，北洋海军陆续在旅顺修建了东西海岸炮台和旅顺船坞，旅顺遂成为北洋海军的一个重要基地。

旅顺的天险形势和重要的地理位置，成为历代兵家争夺之地。俄国

美丽的旅顺

沙皇宫廷、日本天皇政府以及他们的将军们，无不为获得它而费尽心机。

甲午战争期间，中日两国海军在大鹿岛附近的黄海海面上进行了大海战之后，李鸿章禁止海军舰队出发，命令全体舰艇撤到威海。于是，日本侵略者按预定的计划，于1894年10月从辽东半岛花园口登陆，南下侵占大连。当时战争的双方都知道占领旅顺的重要。对清政府来讲，旅顺如果丢失，北洋的大门将顿时敞开，威海也难保住。于是，一场血战在旅顺展开。由于清政府的腐败和军事指挥的无能，旅顺陷落了。

1898年，沙俄政府正式向清政府提出租借旅顺、大连湾，李鸿章与俄国签订了《旅大租地条约》。日本发现到手的肥肉竟被沙俄抢走，心怀不甘，随时准备把旅顺夺为己有。于是，爆发了日俄争夺旅顺的海战。

这场帝国主义之间的争夺战在我们中国的领土上进行，给中国人民带来了深重的灾难。沙俄和日本在旅顺的统治持续了半个世纪，直到1945年旅顺解放，屡遭战争摧残

海战中的船只

的旅顺才回到祖国的怀抱。

步入军港旅顺，人们总要放眼茫茫的海面，仿佛当年侵略者的炮声似仍在耳边响起；漫步港口内外，寻觅当年星星点点的遗迹。

三、锦州港

1. 港口介绍

锦州港位于中国渤海西北部的锦州湾内，是渤海西北部400千米海岸线唯一对外开放的国际商港，是辽宁省重点发展的北方区域性枢纽港。

锦州港背倚的锦州市是国家确定的东北交通枢纽城市，也是辽宁

省确定的辽宁西部中心城市。现拥有21个生产泊位，港口主航道可通过25万吨级油轮和5万吨级货轮。

1990年10月30日，锦州港正式通航，同年被国务院批准为国家一类对外开放港口。经过十几年的建设，锦州港实际吞吐能力已经达到1600万吨，成为中国东北西部和内蒙古东部最便捷的海上进出口通道，并且和世界30多个国家和地区建立了通航关系。

到2006年时，锦州港全年吞吐量达到3200万吨，集装箱20万TEU，名列全国港口第24位。2005年上缴税款名列北方港口第4位。

2006年以前，锦州港内、外贸集装箱业务反差较大，20多条密如蛛网的内贸航线，使得在我国18000千米海岸线上几乎处处都留有锦州港集装箱的运作足迹。但外贸集装箱业务发展不理想，据统计，锦州地区一般有8千TEU到1万

锦州港晚景

TEU的标准箱源，而通过锦州港中转的却只有2000TEU左右。

随着现代化集装箱泊位的建成，配套设施日臻完善，锦州港外贸集装箱航线业务也逐渐开始呈

现繁忙景象。2006年11月中旬，锦州——天津浦海线开通，当年外贸集装箱吞吐量即突破1万TEU，创下历史新高。目前，锦州港外贸集装箱外贸航班由原来每月4班骤然

在港口忙碌的工作人员

即将驶入锦州港的货船

增至每月20班。其中，锦州——黄埔——南沙内外贸同船精品航线可覆盖东南亚区域，5天1班，一个月达6班。

锦州港的粮食班轮航线也四通八达，从事南北方海上粮食运输的国内五大船务公司中的四家都在锦州落户，投资两个亿兴建的粮食现代物流项目昂然矗立，粮食仓储达到同时存储35万吨的能力……

这是国家船务公司与锦州港密结蛛网、互为补充、良性互动，为锦州港粮食运输的火爆加温。2006年，锦州港全年完成玉米吞吐量445.8万吨，其中内贸量为401.3万吨。自通航迄今，经由锦州港中转的玉米总量已经超过3000万吨。

2．自然条件

港口所在地属温带季风性气候，全年平均气温9.4℃，平均降水534毫米。港区海域为半日潮，最高潮位为4.22米，最高潮差4.06米，平均潮差2.05米，全年无台风袭扰，冬季冻而不封，一年365天均为有效营运时间。港口后方陆域宽阔，现有陆域300万平方米，可利用规划用地1200万平方米，可利用码头岸线12804米，发展余地充足。

四、营口港

1．港口介绍

营口港为一市两港，营口港区位于浑河、太河和辽河入海处，鲅鱼圈港区位于渤海辽东湾内。营口港是全国第十大港口，也是东北第二大港口。港口水域面积11302万平方米，陆域面积413.6万平方米，码头泊位总长度4094延米，鲅鱼圈港区规划海岸线长8千米。港区水深浪小，不淤不冻，四季通航，为我国北方深水良港之一。

鲅鱼圈也叫作营口经济技术开发区，简称营口开发区，是我国为数不多的拥有着大型港口、便捷交通、充足资源的国家级开发区之一。

鲅鱼圈的前身是原营口市盖州市鲅鱼圈乡，2004年1月8日国务院批准调整鲅鱼圈区的行政区划，将原盖州市的熊岳、红旗、芦屯三镇划入鲅鱼圈区。近几年，鲅鱼圈（营口开发区）抓住东北老工业基地振兴的重大机遇，积极发挥港口优势，广泛开展招商引资，加快发展了几个临港特色产业群体。

2．营口港的优势

（1）港口优势。营口鲅鱼圈新港是中国第十大港，是沈阳经济区七城市（沈阳、鞍山、抚顺、本溪、营口、辽阳、铁岭）共同指定的唯一出海口。现有生产泊位28个，其中万吨级以上的泊位16个，可停靠5万吨级以上船舶就有3个泊位，已与40多个国家和地区的140

多个港口实现通航。2004年吞吐量在全国沿海港口排名第10位，非金属矿产品运量居全国各港之首。2005年达到7500万吨，2006年达到9000万吨以上。

（2）交通优势。东侧有哈大铁路、哈大公路、沈大高速公路三条交通动脉并行纵贯南北，中部有疏港铁路、疏港公路和入区公路，南北距大连、沈阳机场各200千米左右，陆路连接东北三省以至欧亚大陆，交通运输十分便利。2008年建成的大连新机场使鲅鱼圈与国际机场的距离拉近了100千米左右。

（3）电力优势。建在区内的设计发电能力442万千瓦的华能营口电厂，可以为营口开发区提供强大的动力供应和高质量的供电保障。

（4）资源优势。地处辽东半岛，背靠辽宁中部8大城市群和广阔的东北腹地，矿产、木材、粮食、水果、水产品资源丰富，劳动力资源充足，资源深加工潜力巨大。

随着地区经济的发展进程，营口开发区逐渐确定了"建设亿吨大港、打造百万人口新城区"的发展战略，全力实施"新区南移、工业北上、城市东扩"战略，努力建设大港口、建设大工业、建设大城市。

第六章　福建沿海的港口

一、福州港

福州市位于闽江下游、福州平原上。因其具有"环山、吻海、依水、沃野"的地理形势，自古以来便成为人们心目中的"福地宝城"。汉朝的时候，闽越国建都于此。五代时因城内越王山、乌石山和九仙山呈"品"字鼎峙，故又有"三山"之称。据说北宋年间福州城内遍植榕树，并且树高枝密、形如巨伞，呈现"绿荫满城，暑不张盖"的景色，自此福州又获得了"榕城"之誉。

古时候，由于福建省山岭耸峙，陆上交通不便。"蜀道难，难于上青天"，有人说："闽道更比蜀道难。"因此，福州地区的海上交通发展很早，福州很早就已成为重要的对外贸易港口。

马尾港位于闽江河口，距离福州20多千米。因其附近江中有一岩礁，形状颇似石马，随潮涨潮落而隐现，马尾港就在这礁石的北面，正对着"马尾"，因而得名为"马尾港"，而附近这一段江流也称为"马江"。

马尾港的地形十分险要。民族英雄郑成功曾把闽江驻兵重点放在马尾港。鸦片战争以后，列强强迫中国把广州、上海、宁波、厦门和福州划为5大通商港，其中福州就是指马尾港。这里还发生过近代史

福州港大集装箱船

上著名的"马尾之役"。这次战役是中国人民反抗侵略的伟大斗争。为了纪念海战阵亡的烈士，1886年在马尾港的马阴山麓，修筑了马江昭忠祠。祠前一方石碑记载了这次战役的经过，祠西边为墓园。

福州是我国东南沿海历史悠久的古城之一。从公元前202年越王勾践后裔无诸受封为闽越王、在此建都算起，迄今已有2200多年的历史。人们常以"三山鼎峙、两塔耸立"来形容它。这里的三山，指的是旧城内的越王山、九仙山和乌石山。越王山即现今的屏山，九仙山即于山，乌石山即乌山，又称道山。两塔即白塔和乌塔。它们各自以自己不同的景色和古迹使古城大为增色。

位于市中心的于山，相传因战

福州港集装箱码头

国时古民族"于越"氏的一支居此而得名。也有人说汉代曾有何氏兄弟在此炼丹修仙，故又称九仙山。山的形状如同巨鳌，最高点为鳌顶峰，海拔高度58.6米。山上名胜古迹众多，素以揽鳌亭、依鳌轩、应鳌石、步鳌坡、接鳌门和耸鳌峰等"六鳌胜迹"以及于山"二十四景"著称。

位于于山西麓的白塔建于公元904年，与杭州的六和塔属同一时期的建筑物，其规模和式样也与六和塔相似。据说建塔开基时曾发现过一颗光芒四射的宝珠，因此称为定光塔。原先的建筑被雷击毁，现在人们看到的白塔，人们在原址上用砖瓦结构重建一塔，是16世纪的建筑，外敷白灰，改名为白塔。

在白塔寺东，还有一座戚公祠。它是福州人民为纪念民族英雄戚继光而建的。戚公祠建在一座小石岗上，祠内正中陈列着戚继光的胸像。壁上挂着四幅历史画，这些画生动地描绘了戚继光在闽抗击倭寇侵略的功绩。

走进这里，人们似乎听到了民族英雄视死如归的呐喊，还会听到福州人围绕于山上的戚公祠曾经发生的故事。1916年，美国所办的教会美部会曾唆使当地的流氓伪造了一纸戚公祠的卖契，企图霸占戚公祠。这事被当地居民知道后，在福州市内街道，他们到处张贴"白字诗"，揭发古祠内幕，顿时群情激奋，当地居民奋起斗争，迫使美部会不得不归还卖契，取得了胜利。后来人们为了纪念这次斗争，建了一座双层木结构的八角亭，取名为"复亭"。

在于山西面的乌山，怪石嶙峋、洞壑清幽。乌山脚下的乌塔，全名为崇妙保对坚牢塔，系五代闽国主王延曦所建。因外表略带黑色，故俗称乌塔。现在塔内保存的浮雕、佛像和各种题刻，是反映五代闽国建筑艺术历史文化的珍贵资料。

除"三山二塔"外，福州的鼓山和小西湖等也是著名的游览胜地。西湖最初由晋代郡守为灌溉家田，凿引西北诸山之水聚集于此，遂成一湖，以后经不断修葺，至宋代，这里已是湖畔树木苍翠，湖中小鸟飞翔景色秀丽的风景区了。大诗人辛弃疾曾用词赞此："烟雨偏

戚公祠

宜晴更好，约略西施未嫁。"因此又获"小西湖"之称。今天的小西湖又多了不少景致，极有情调的湖心亭、荷亭、紫薇亭等，增添了小西湖的妩媚。

鼓山因山顶有一巨石，平展如鼓而得名。山上洞、岩、泉、阁共有160多处景，漫步其中十分惬意。其中最著名的要算涌泉寺，寺前有一股清泉涌出地面，清澈透明。登上山顶，在海拔近千米高处眺望大海，蓝天碧波，帆影点点，让人心旷神怡，物我两忘。

截至2005年底，全港拥有生产性泊位134个，其中深水泊位23个，最大可靠泊5万吨级集装箱船。主要经营能源、原材料、矿建材料和集装箱等运输业务。2005年全港货物吞吐量7443万吨，集装箱吞吐量80万标箱。已与世界上近40个国家和地区通航，开展了贸易往来，每年到港船舶达4000多艘次。还开辟了12条国际班轮航线，每月有110个国际航班靠港作业，有直达码头前沿的铁路专用线。

福州港是我国沿海20个主枢纽港之一，到2007年其综合竞争力位列全国港口第17位。

福州港的目标是建成以大型干散货运输中转为特色的国家主要港口，重点开发外海深水港区。江阴港区以建设西部作业区大型集装箱码头、东部作业区冶金深水泊位为主；罗源湾港区以可门作业区、将军帽作业区大型能源、矿石深水泊位为主；闽江口内和松下港区分别以建设长安、洋屿作业区内集装箱运输和滨海工业区临港工业泊位为主。到2010年，福州港将新增泊位25个，新增吞吐能力3723万吨，其中集装箱134万TEU。实现货物吞吐量超亿吨，集装箱吞吐量超200万标箱。

二、泉州港

泉州港位于福建省泉州市，北至湄洲湾内澳，南至围头湾厦门市同安区莲河，海岸线总长541千米。泉州港已有1500多年的历史，是我国古代著名的海外交通的重要港口之一。

新中国成立后，泉州港于1957年由于两岸的紧张形势而关闭。1983年1月1日，被国务院批准为全国24个对外开放港口之一，泉州港正式恢复对外籍船舶开放。为了提高港口通过能力，泉州港的部分通海航道已被打通，港口条件和港区的必备设施都得到明显改善。

厦门港风光

三、厦门港

厦门港位于上海与广州之间，福建省东南的金门湾内，九龙江入海口。北距福州港370千米，南距广州720千米，东距台湾省基隆港411千米。厦门港是我国对外贸易港口之一，也是进出内陆的主要门户。厦门港具有港阔、水深、不冻、少雾、少淤、避风条件好等优点，万吨级巨轮不受潮水限制可以随时进出，是中国东南沿海的一个天然良港。

厦门港也是厦门经济特区的一部分，其海岸线蜿蜒曲折，全长234千米，海域面积达275平方千米，分为内港和外港两部分，港区外岛屿星罗棋布，港区内群山四周环抱，港阔水深，终年不冻，是条件优越的海峡性天然良港。主要担负厦门市和福建省内外贸运输任务，也承担江西省某些物资的中转任务。厦门港现拥有和平、东渡、高崎和海沧四个港区。

新中国成立后，由于海峡两岸的紧张局势，在近20年的时间里，进出厦门港的船舶都只能利用夜间靠近大陆绕道航行；加上管理体制不断变更，以航代港的管理局面，使港口的生产和建设发展缓慢。随着改革开放政策的深入和厦门经济特区建设的迅速发展，厦门港的航线不断扩大，客货运量大幅度增长。

第七章 海南沿海港口

一、海口港

1. 港口介绍

海口港位于海南省的北部，海口市的西郊，俗称秀英港。由于地处南海航运中枢，自古以来就是海南客货运输中心和对外贸易的重要口岸，素有"琼州门户"之称。

海口港于1858年辟为对外通商口岸，1876年正式对外开放。改革开放以来，国家投入大量资金建设深水泊位，更新机械设备，使得海口港适应了海南现代化建设的需要。

海口港是海南省对外贸易的重要口岸，现与日本、朝鲜、马来西亚、新加坡、泰国、印尼、科威特、沙特阿拉伯等20多个国家和地区有贸易运输往来。海口港又是海南省旅客进出的重要通道，目前开

通了海口—海安、海口—北海、海口—湛江、海口—深圳、海口—广州等的汽车及旅客滚装轮航班，每年旅客进出港量约140万人次。

海上运输的便利，为海南和大陆架起了一座海上桥梁，为海南特区的经济建设起到了积极的推动作用。海口港是海南省的交通枢纽和客货集散中心，在我国沿海港口发展战略中被交通运输部列为沿海主要港口和海南省国际集装箱干线港口。2002年货物吞吐量首次突破千万吨大关，集装箱吞吐量也首次突破10万TEU关口。

2. 条件

（1）气象

风况：每年4月~6月多东南风，风力不大。冬季多东北风，风力达6级。5月~10月为台风季节，其中8月份~9月份台风较多，风力

达11级～12级。台风侵袭时多为东北风，并伴随大雨、暴风和暴雨，对船舶进出、装卸过驳作业有影响。

降水：年均降水量1785毫米，5月～10月为雨季，冬季雨较少，雨季往往伴随台风，降水量占全年80%，每年11月至次年4月为旱季。年均降水天数150天左右，持续降水情况不多。

雾况：冬、春两季有雾出现，多在清晨至上午9时发生，偶尔也在傍晚或下午出现。年平均雾日一个月左右，不影响港口生产。

气温：属亚热带气候，夏长无冬，春秋不分。年平均气温23.9℃，7月气温最高，月平均28.1℃，极端最高气温40.5℃；1月份气温最低，平均17.3℃，极端最低气温2.8℃。

（2）水文

潮汐：属不规则半日潮型港口。月日潮15天，个别月份达18天，其余为半日潮，日周潮时平均最高潮位2.4米，平均低潮的潮位为0.5米。半日潮时，平均高潮位2

美丽夜景下的海口港

海口港海面气象万千

米，平均低潮位1米。海域区内最大潮差3.6米，平均潮差1.1米。

潮流：港口附近有往复流，港内在涨潮时流向东北，历时15小时，最大流速为0.9米/秒，落潮时流向西南，历时8小时，潮流有时受季风影响而改变流向。

3．港口现状与发展目标

海口港的陆域面积75.57万平方米，水域面积2646万平方米。海口港务公司下设两个装卸作业区，位于港口东北部的曲尺型码头为第二作业区，位于第二作业区西侧的顺岸码头为第一作业区。锚地位于港口的外海，总面积446万平方米，1号～3号锚地水深8米～10米，4号锚地为引航检疫锚地，水深17米，5号锚地为危险品装卸锚地，水深6米～7米。锚地均不设置浮筒。从外锚地至港口门的主航道4800米，宽80米，水深6.5米，自港口至港池航道长850米，水深7米左右。主航道上设10个浮标灯，北防波堤西端矗立着秀英灯塔，高23米，射程15千米～18千米，闪红、白光。从港口距外海9.26千米处设黑色灯浮1个。海口新港陆域面积18万平方米，水域面积为7.2万平方米。新港拥有实际生产作业码头长427米，前沿水深3.5米，共有9个泊位，其中400吨级货运泊位7个，400吨级客运泊位1个，300吨级港作船泊位1个。新港外海装卸锚地长900米，宽180米，能停泊500吨级船7艘，港内装卸过驳和避风锚地位于人民桥下游至港池，长800米，宽200米，水深3米～3.5米，能泊100吨级船30艘。新港拥

有仓库8座，有效面积800平方米，堆场7处，有效面积7400平方米。

海口港是海南省的交通枢纽和客货集散中心，在我国沿海港口发展战略中被交通运输部列为主枢纽港和海南省国际集装箱干线港口。当前，海口港正沿着集团化、多元化的方向发展。

二、三亚港

1. 自然情况

气象风况：常风为东北风，

海口货品

季节风向为西南风，5月～11月为台风季节，风速达40米/秒，风力10级～12级，每年有3次～4次台风侵袭港口，台风入侵时，三亚河水上涨，海浪大，对港口生产有较大影响。

降水：年平均降水量1263毫米，6月～10月为雨季，台风季节往往雨水增多，降水量占全年的90.2%。

雾况：三亚港终年无雾。

气温：年平均气温25.5℃，7月份气温最高，月平均28.3℃，1月份气温最低，月平均20.7℃。

水文潮汐：为不规则日潮型，以日潮为主，每月14天为日潮，日潮时最高潮位2.2米，持续16小时，最低潮位0.6米，平均潮位1.03米，最大潮差2.26米，平均潮差0.79米。

潮流：涨潮时水分为两条支流，一支向东南流经码头处进入三亚河，流速0.35米/秒；另一支自白排礁缺口向西北流，流速0.35米/秒。落潮流向相反，流速分别为1.08米/秒和0.07米/秒。落潮时间持续

三亚港航运

8小时，泥沙被落潮带入大海，港池回淤量较少。

2. 港口设施

三亚港陆域面积22.47万平方米。1989年年末，三亚港拥有码头泊位7个，其中1500吨级泊位1个，3000吨级泊位2个，5000吨级泊位2个。三亚港拥有检疫引航锚地、装卸过驳锚地、防台锚地各1个。泥底，可泊数艘几万吨级轮船；装卸过驳锚地，水深9.2米，泥底，可泊10余艘万吨级轮，能避12级台风。锚地总面积150万平方米。三亚港港池呈喇叭型，口门宽58米，旧港池掉头区直径120米，水深4米；新港池掉头区直径220米，水深7米，底质为泥沙。航道水域面积7万平方米，总长1650米，其中旧航道长400米，宽35米，水深3.5米；主航道（新航道）长1250米，宽45米，水深7米，从码头至白排礁南端有两组助航标志，白排礁和西瑁洲岛灯桩（白排礁灯桩为水泥结构，高11.8米，射程14.8千米）。主航道两侧有四个黑色浮标，每个浮标高2.67米，闪红、白灯光，射程约9.26千米。

3. 其他

三亚港位于海南省南部著名的旅游胜地——"天涯海角"东侧25千米的海岸线上，三亚河在港口处注入海，左隔鹿回头半岛与榆林港相毗邻，东南与西沙群岛隔海遥望，背依三亚市，面临南海，属海南省三亚市辖境。

第八章 华北口岸沿海港口

一、秦皇岛港

1. 港口介绍

秦皇岛港位于渤海辽东湾西侧，是国家级主枢纽港，世界上最大的煤炭输出港之一，也是国家唯一直接管理的港口。秦皇岛港拥有目前全国最大的自动化煤炭装卸码头和设备先进的原油、杂货与集装箱码头，生产性码头总长度为6694米。港区陆域面积10平方千米，水域面积115平方千米，锚地面积765平方千米。航道水深16.5米，最大靠泊能力10万吨级。中转货以能源和其他散货类为主。港口货物吞吐量多年位居全国沿海港口前列。

秦皇岛港始建于1898年，是清代光绪皇帝御批的唯一自开口岸。它位于河北省东部、渤海湾西岸，扼华北、东北之咽喉，居京、津、唐经济区东侧，东有历史名城山海关，西有避暑胜地北戴河，经济地理地位十分重要。港口自然条件优良，素以不冻、不淤、水深、浪小等著称。港区交通发达，集疏运条件优越，京山、沈山、京秦、大秦四条铁路干线以及京秦高速公路直达港口，大庆至秦皇岛输油管线直达码头前沿，港口经济腹地辽阔，主要包括华北、东北、西北各省、自治区、市。港口经营范围广阔，进出口货类主要以煤炭、石油、粮食、化肥、水泥、矿石、饲料为大宗，并大力发展集装箱运输业务。经由秦皇岛港下水的煤炭占全国北方主要沿海港口下水煤炭总量的50%左右。港口除承担国内货物的中转外，还与世界上80多个国家和地区的港口保持着经常性的贸易往来。

2．历史与现状

早在1919年，孙中山先生就在《实业计划》中提出了在秦皇岛建设北方大港的设想。1972年，周恩来总理提出"三年改变港口面貌"的要求，并将秦皇岛港列入首批重点发展建设项目。秦皇岛港一向是开滦煤矿的输出港，1974年建成油码头后，又成了原油的输出港。秦皇岛港口疏运以铁路为主，有铁路支线与京沈铁路相连，进而联结京津唐和东北地区的各大工业城市。其次，管道疏运也占相当大的比重。十一届三中全会以来，国家先后投资40多亿元，在1978年至1990年的13年间，相继建成了年吞吐量1000万吨、2000万吨、3000万吨三个大型现代化运输码头，使秦皇岛港成为世界最大的煤炭中转港。1993年至1996年又投资16亿多元，建成了年吞吐量3000万吨的煤码头四期工程。1997年7月1日，煤码头四期工程进入试投产阶段。

至1998年，秦皇岛港已与世界上120多个国家和地区的港口保持经常性贸易往来，吞吐能力从改革开放之初的2700万吨增加到1998年的1.24亿吨，跃居世界第一大能源输出港。秦皇岛港是国家级主枢纽港，是世界上最大的能源输出港之一，担负着我国北煤南运的重要任务。2001年完成货物吞吐量1.13亿吨，其中煤炭完成1亿吨。港口经营发展的总体目标为：在保持北煤南运主枢纽港地位的同时，在21世纪初确立环渤海散货中心港地位，全面提升港口功能，实现集装箱运输的跨越式发展。

近年来，在国家改革开放方针的指引下，秦皇岛港坚持"外抓市场，内抓管理"，积极通过深化企业内部改革，转换企业经营机

秦皇岛集装箱码头一瞥

秦皇岛风光

制；努力适应市场经济需要，下大力转变经营观念，狠抓运输质量和服务质量，为货主、船方提供优质服务。在抓好港口运输主业的前提下，逐步提升港口功能，实现港口多元化产业的良性发展，以获得良好的经济效益。港口实现利润、人均创利等项经济指标连续多年位居全国同行业前列。

二、黄骅港

1. 港口介绍

黄骅港开发区位于渤海湾弓顶处，是河北省省级经济技术开发区，成立于1992年。1998年以来随着黄骅港、朔黄铁路、黄骅电厂等国家重大工程的开工建设，黄骅港开发区已迈上了全面发展的快车道。

黄骅港水上北距天津112千米，东距龙口约280千米，陆上西距黄骅市45千米，朔（州）黄（骅）铁路直通港口。南接山东半岛一带富庶沿海地区，北邻北京、天津两大经济、科技、信息中心和综合工业基地，便于开展经济、技术协作和取得科技、信息支援。

区内在建的黄骅港工程是我国西煤东运第二大通道的出海口，是"神华工程"的龙头。一期工程已建成2个5万吨级、1个3.5万吨级泊位，年输煤量可达3000万吨；2002年开工的二期工程建成了2个5万吨级、1个10万吨级泊位，年吞吐能力可达7000万吨；按照建设规划，远期将达1亿吨规模。同时，它还拥有杂货码头，一期工程建设了2个1.5万吨级泊位，可停靠3万吨级货船，年吞吐量100万吨，2003年年底投入使用。总投资3.8亿元的液体化学品码头，2003年6月开工建设，设4万立方米储罐区1处，占地8万平方米，年吞吐量100万吨。2002年9月经国务院批准立项的黄骅电厂项目，装机容量480万千瓦，是华北地区最大的火力发电厂，2006年底1#机组建成投产，2#机组2007年建成投产，二期工程的建设规模为6台60万千瓦超临界燃煤机组和6万吨/日海水淡化设备，现已全部建成投产。

2. 港口发展目标

开发区城市总体规划面积73.62平方千米。规划有城市中心区、仓储区、神华万亩工业园区、旅游休闲园区等。其中城市中心区市政基础设施基本完善，已有行政、教育、金融、通信、商贸、宾馆等数十家单位进入。神华万亩工业园2003年开始建设，先期投入15亿元进行基础设施配套，重点建设大型基础工业项目，仓储区开发正在积极进行，随着杂货码头的投入使用，该园区建设将快速发展。

黄骅港开发区的发展方向是建成东北亚乃至世界知名的能源输出大港，并尽快发展成综合大港；建成我国东部地区节水型临海产业体系示范基地；建成立足河北、依托京津、服务晋陕蒙等中西部地区的重要的现代物流中心；建成华北电网的强力支撑点和环渤海地区由石油化工向煤炭化工逐步转型的主要接替区；建成河北省区域经济发展的新增长点和"两环"开放带动战略的重点实施区域。为加快临港产业的发展，明确实施"四大战略"，即港口牵动战略、大项目拉动战略、物流中心促动战略、外向型带动战略。按照梯次推进的原

则，优先发展物流、仓储、房地产、节水型工业和依靠港口大进大出的生产类项目。

三、唐山港

1．港口介绍

唐山港位于河北省唐山市东南、滦河口以南乐亭县王滩乡。西北距唐山95千米，东北距秦皇岛105千米，西距天津180千米。港口后方交通便利，京山、京秦、大秦三大铁路干线横贯唐山市，并有唐遵、汉张、卑水、遵潘4条铁路相辅，新建的坨（子头）王（滩）铁路线，自京山线坨子头接轨至港区长75.66千米。津榆、唐秦、京唐等主要公路干线，把唐山和东北、华北广大地区连成一体，境内乡村道路成网，四通八达。

2．自然条件

气象：常风向为南风和西南风，强风向为东北风，6级以上风频率为0.61%。台风对本地区影响不大。年平均降水量616.8毫米，年最大降水量931.7毫米，降水集中于7月～8月。

雾况：雾的影响不大，能见度小于1000米的大雾平均每年66小时。年平均气温10.2℃。7月份气温最高，平均气温24℃；1月份最低，平均为－6.9℃。盛冰期为1月～2月，岸边有少量固定冰，对船舶行驶无影响。

水文：潮汐为不规则日潮型，最高潮位2.24米，最低潮位0.04米，平均潮位1.23米。潮流呈往复流，涨潮流向西南，落潮流向东北。最大流速0.6米/秒。

3．港口现状与发展

唐山港从1988年建造1.5万吨级泊位起步，建港目标以散杂货泊位为主。随着近海铁矿的开发和钢铁工业的发展，将成为以钢铁为主的综合性港口。港池水域面积4.3万平方米，陆域面积4.5万平方米。作业区东北侧建有一块梯形布局的港口辅建区。占地约22万平方米。码头岸线长316米，现有2个1.5万吨级码头泊位，年吞吐量达120万吨。港外锚地在航道出口东侧，水深12米，4个锚地，可系泊1.5万吨级船舶。进港航道垂直于岸线，进入港池走向135度～315度，航道长为4.4千米，水深9.8

唐山港潮汐水文现象

米，可通航1.5万吨级船舶，乘潮可通行2万吨级船舶。导航设施在水域有1号～7号浮鼓，陆域上有2组导标和1座灯塔，港口现有装卸机械35台，其中门座起重机2台，最大起重能力16吨。港区铁路专用线3400米，其中装卸线1200米。

四、天津港

1. 港口介绍

天津港位于华北平原海河入海口，处于京津城市带和环渤海经济圈的交会点上，是环渤海经济圈中与华北、西北等内陆地区距离最短的港口，是首都北京和天津市的海上门户，也是亚欧大陆桥的起点之一，背靠三北，面向东亚。

天津港是中国最大的人工港，由海港和河港两部分组成，港区现有陆域面积47平方千米，港口陆域规划面积100平方千米，航道为10万吨级，15万吨级航道正在建设中。天津港共拥有各类泊位140余个，天津港集团公司所属公用泊位85个其中力吨级以上深水泊位53个。2002年完成货物吞吐量1.29亿吨，其中集装箱吞吐量240.8万标准箱，位居世界港口20强之列。天津港客运服务质量体系于1997年12月正式通过英国BSI公司和中

天津港

品占48.8%，钢铁占10%，金属矿石占4.7%，非金属矿石占4.4%。

"八五"期间，天津港完成基本建设、技术改造等投资25亿元，新增港口通过能力933万吨，主要项目是：新建东突堤一期工程北侧6个泊位，新增生产能力198万吨；南疆2个石油化工泊位，新增生产能力690万吨。重点技术改造项目有：老码头改造为4个万吨级深水泊位，新增生产能力45万吨。客运码头扩建工程全面完成，形成3个万吨级客运码头，使天津港年客运通过能力达60万人次。天津港南疆大桥工程公路桥于1995年建成。

国船级社进行的ISO 9002-GB/T 19002标准认证，成为国内首家通过国际、国内双重认证的港口，具有较高的国际知名度和良好的对外服务信誉。

2．港口现状与发展

至1995年年底，天津港有水域面积180多平方千米，陆域面积20平方千米，各类泊位146个，岸线长20130米，其中万吨级以上深水泊位48个，库场总面积为240万平方米；生产用装卸机械1035部（台）；港作船舶59艘。1995年完成全港吞吐量5786.7万吨，其中本港货物吞吐量为5497.2万吨；外贸货物吞吐量为3534.2万吨；1995年共完成集装箱70.2万TEU；客运吞吐量50.5万人次。1995年大宗货物所占比重为：煤炭及其制

"八五"期间，天津港科研立项和技改技革投资近2000万元，完成各类科研成果1917项，获市、部、局级奖励87项。天津港先后与日本神户港、东京港，澳大利亚墨尔本港，美国费城港、塔科码港，意大利德里亚斯特港和荷兰阿姆斯特丹港等7个国际港口结为友好港。

在2002年全国500强企业评选中，天津港居第347位，为全国港口行业第二位。目前天津港已同世界上的160多个国家和地区的300多

个港口有贸易往来，集装箱班轮航线近70条，每月集装箱航班近300班，与日本、韩国、美国等国家的12个港口建立了友好港关系。

从2003年至2010年，天津港的主要工作是围绕扩大规模、提升等级、调整结构、改善环境，投资154亿元，建设东突堤北侧集装箱化改造工程、北大防波堤工程、20万吨级矿石码头工程、北港池集装箱码头工程、外海25万吨~30万吨级原油码头工程、集装箱物流中心、散货物流中心完善工程等十大发展项目。目前，天津港已经成为设施先进、功能完善、管理科学、效益显著、环境优美、现代化、国际化深水大港。货物总吞吐量将达到2.3亿吨并力争突破2.6亿吨，其中集装箱吞吐量达到1000万标准箱，成为中国北方最大的散货主干港，东北亚地区的国际集装箱枢纽港，国际物流和资源配置的枢纽港。

天津港规模

第九章　粤桂沿海港口

◉　◉　◉　　◉　◉　◉　◉　◉　◉

一、北海港

1. 港口介绍

北海港位于广西壮族自治区北海市北部湾东北部。自秦汉以来，北海港即作为中国与东南亚、西亚乃至欧洲进行海上贸易的商港，成为"海上丝绸之路"的始发港之一。

1953年～1957年又开挖了新港，万吨轮可以靠泊。到1995年，北海港已拥有各种专业运输港口码头大小泊位27个，年吞吐能力达230万吨，并与世界上96个国家和地区的218个港口有贸易往来。

2. 港口自然情况

气象风况：该港风向季节性变化显著，冬季盛行偏北风，夏季多为东南风，常风向为北向，其次为东南东向，频率分别为22.1%和10.8%。夏秋两季受台风影响，每年平均2次～4次。台风由南海进入北部湾时，因受海南岛和雷州半岛的阻挡，一般只有6级～10级。

降水：每年降水量在849.1毫米～2211.2毫米之间，年均降水量为1664毫米，主要集中在7月～9月，以雷阵雨为多，并明显受台风过境的影响。

雾况：年均雾日数为13.2天，主要集中在春季，出现时间一般从凌晨2时开始到9时结束，多为平流雾，能见度为100米～800米。

气温：北海港属亚热带海洋性气候，年平均气温22.6℃，历年最高气温为37.1℃，历年最低气温为2℃。

水文潮汐：北海港属于不正规日潮为主的混合潮型。大潮汛期为全日潮，月平均22天。小潮汛期为半日潮，月平均为8天。最高潮位

5.55米，最低潮位0.03米，平均潮差2.49米，最大潮差5.36米。

潮流：涨潮流向由西南向东北。落潮流向相反，其最显著的特点是落潮流速大于涨潮流速，涨潮平均流速为0.13米/秒，最大流速为0.60米/秒；落潮平均流速0.31米/秒，最大流速1.01米/秒。

3．港口基础设施

北海港面积达124平方千米，利用岸线23.12千米。石步岭新港区有1.5万吨级泊位2个，前沿水深9.5米，配套仓库1座，面积5000平方米，堆场10万平方米，拥有装卸机械34台，其中门座起重机4台，起重设备最大起重能力为50吨，设计年吞吐能力为80万吨。外沙西港口有2000吨级海轮泊位1个，前沿水深4.5米；700吨级泊位3个，前沿水深3.8米。该区配有仓库5座，面积6000平方米，堆场1.9万平方米，拥有装卸机械25台，其中门座起重机2台，设计年吞吐能力为80万吨。主要货物码头有：北海海运公司修建的500吨级杂货码头，广西北海外贸办事处修建的1000吨级外贸码头，北海石油公司

远观北海港港口基础设施

修建的3000吨级石油码头，北海综合化工厂兴建的1万吨级石油化工码头，还有北海水产公司、捕捞公司修建的用于装卸鱼货、供水、供油等码头。引航、检疫锚地位于冠头岭西南海域1号灯浮处，距冠头岭约8千米，面积约2平方千米，水深9米～10米，海底平坦，底质为泥沙；装卸避风锚地位于廉州湾南部湾口，即天然深槽的末端，距地角码头约100米，锚地长约3000米，宽为450米～550米，

水深6米～10.5米，底质为泥沙，可同时停泊5000吨至3万吨级船舶6艘～8艘，进行水上过驳作业和避风。该港航道包括北海水道、石步岭港区航道及外沙西港口航道。北海水道位于引航检疫锚地至装卸锚地之间的深槽段，长14.6千米，宽500米～2000米，水深6米～10.5米，航道宽敞、顺直、无暗礁、无拦门沙，便于航行。石步岭港区航道位于北海水道中段至石步岭港区万吨级码头之间，长1300米，底宽90米，一期工程水深6.3米，3万吨级船舶可乘潮靠泊码头；外沙西港区航道位于北海水道末段至外沙内港港池之间，长约1200米，底宽60米～80米，水深2.8米～3.5米，2000吨级船舶可乘潮进港。北海港有冠头岭灯桩，闪白色光，周期3秒，灯光射程约22千米；涠洲岛灯桩闪白光，周期10秒，灯光射程约28千米；斜阳岛灯桩闪白光，周期4秒，灯光射程约9千米。北海港务局拥有各种作业船舶21艘，其中拖轮、供水船和交通船9艘，总功率4456千瓦。驳船12艘，载重1663吨。

4．其他

北海港属广西壮族自治区北海市辖境，是广西壮族自治区对外开放的重要港口，地处广西南端，南海北部湾畔，与海南省和越南隔海相望，距海口港约220千米，距海防约296千米。

二、防城港

防城港位于广西壮族自治区防城港市防城港区的中心区域，是广西乃至西部地区第一大港，全国20个枢纽港之一，全国四大水泥出口基地之一、十大接粮口岸之一、全国最大的硫黄装卸港。

防城港现有泊位35个，其中21个是万吨级以上的深水泊位。它也是中国少数拥有20万吨级矿石码头的港口之一，建成了5万吨级液体化工矿石码头。开通了东南亚、东北亚、港澳等多条集装箱航线，与80个国家和地区的220个港口建立了业务往来，建有一批大型的粮食、水泥、磷酸、植物油、化肥、液体硫黄等仓储基地。2006年港口货物吞吐量达到3000多万吨。

防城港由于东面有企沙半岛，

西面有江山白龙半岛两道天然屏障，一般都风平浪静。只有在每年6月～9月的台风季节才有次数不多的4级～5级波浪。风暴时产生的最大波高为7米。

防城港市是全国地级市中唯一既沿海又沿边的开放城市，面向东南亚，背靠大西南，拥有大陆海岸线500多千米，陆地边境线200多千米，有7个乡镇与越南山水相连，国家级口岸6个。防城港港口以避风、水深、不淤积、航道短、可用岸线长等特点闻名于世，是广西第一大港，华南第三大港，万吨级以上泊位10个，年吞吐能力达850万吨。

防城港市南临北部湾，北部湾是我国的著名渔场，是防城港市海洋捕捞作业的主要渔区。这里海产资源富足，总计有海洋鱼类500多种，虾类200多种，蟹类20多种，还有种类众多的贝类和其他海产动物、藻类等。最主要的海洋鱼类有鲨鱼、赤鱼、鱿鱼、墨鱼、石斑鱼、马母鱼、鳝鱼、黄鱼等。介贝类有大鲨、青蟹、对虾、龙虾、海蜇、大蚝、海蛇、海马、泥猪等。

防城港市有多种类型的生态环境，农作物资源丰富，品种较多，

防城港水域丰富的水产

盛产水稻、甘蔗、玉米、花生等作物。

防城港市矿藏品种多，品质高，矿点遍布全境。主要有锰、钛、锡、铝、锌、磷、云母、水晶、萤石、辉锑、辰砂、软玉、石英砂、金红石、独居石、花岗岩、煤、石油等30多种，具有工业价值。尚有20个矿种未开发利用。

随着中越关系的逐步改善和我国对周边国家开放的政策，防城港市的边境地区经济焕发出生机，边贸领域不断扩大。边境贸易从狭窄的边境地区向两国纵深推进，从小额贸易转向大宗出口农机、建材、化工、家电等商品。近几年来，边贸出口的商品有水泥、钢管、啤酒、玻璃、成衣、家具、柴油机、日用百货、五金交电等。进口的商品主要有大米、钢材、杂铜、木材、煤炭、海产品、黄麻、橡胶等。

三、广州港

广州港地处我国大陆外向型经济最活跃的地区——珠江三角洲中心位置。港区分布在广州、东莞、中山、珠海等市的珠江沿岸和水域，从珠江口进港，依次为虎门外港区、新沙港区、黄埔港区和广州内港港区。

广州港管辖岸线长达423.5千米，航道总长173千米，其中出海航道115千米，吃水135米的散杂货船舶以及第四、五代集装箱船舶可以乘潮进出港区。广州港现有码头泊位643个，其中万吨级以上泊位46个。万吨级装卸锚地36个（其中最大锚泊能力30万吨）。库场总面积123万平方米。各类装卸机械1300多台（最大起重能力250吨），各类船舶160艘，港口铁路专用线49千米。

广州港是华南地区最大的对外贸易口岸，主要从事石油、煤炭、粮食、化肥、钢材、矿石、集装箱等货物装卸（包括码头、锚地过驳）和仓储、货物保税业务以及国内外货物代理和船舶代理；代办中转、代理客运；国内外船舶进出港引航、水路货物和旅客运输、物流服务。兼营业务有对外贸易和转口贸易；自营和代理除国家组织统一联合经营的出口商品和国家实行核定公司经营进出口商品以外的其他商品和技术的进出口业务；船舶加水、船舶供应；港口劳务服务、通信服务；港口机械制造、加工、修理；船舶、汽车修理等业务。

广州港与沿海及长江的港口海运相通，国际海运通达世界80多个国家和地区的300多个港口，是我国与东南亚、中印半岛、中东、非洲、大洋洲和欧洲各国运距最近的大型口岸。

广州港位于珠江水系的东、西、北三江交会点。水路、铁路、公路、航空在广州交会，形成以广州市、珠江三角洲、广东省为主的经济腹地，并连接华南、中南、西南各省的发达交通运输网络。

在腹地经济持续快速发展的推动下，广州港货物吞吐量持续增长。1999年全港货物吞吐量突破1亿吨大关，成为中国大陆第二个跨入世界亿吨级大港的港口。之后，港口发展一年一大步，到2003年全港货物吞吐量达到1.72亿吨，是1995年的2.4倍，全港集装箱吞吐量276.9万标准箱，是1995年的5.4倍，港口货物吞吐量居世界港口前10位。广州港作为华南地区主枢纽

港的地位得到进一步巩固和提升。

面向新世纪，广州港将以安全、优质、高效为服务宗旨，竭诚效力于社会，并力争把广州港建设成为现代化、多功能、国际性的亿吨级大港。

四、海安港

海安港，位于雷州半岛的南端，与海南岛隔海相望，与海口市秀英码头仅距18千米。晴天，人们站在口岸高处眺望，海口市的景物隐约可见。春夏时节，海风拂面，凉爽宜人，令人心旷神怡。港口南临琼州海峡，北边为大水桥水库，东西两侧为小丘陵环抱。东岸有红坎、排尾角，西岸有三塘角，形成左右屏障。港门有防波堤，能阻海涛波浪，港内波平浪静，是一个天然的避风良港。

从宋代始，海安港就成为我国大陆通往海南岛的主要交通要道和对外贸易的装卸点。元、明、清时期，海安的运输业相当发达。徐闻县的良姜、蔗糖、海盐、木柴、木炭、竹料等土特产品，多由此港运出推销。进口物资，如布匹、粮

食、面粉、杂货等人们生活必需品也多从此港运进。古时，广州、香港、澳门、广西北海、海南、湛江等地商船来往频繁。明朝正统年间，著名学者和画家陈白沙过海南岛时，看到海安港海面船只来往繁多，挥笔写下佳句："海南船似梭，横穿直织表浪锦；琼崖七星塔，倒写天上白云纸。"这就是当时海安港海面情景的真实写照。清光绪九年（1883），海安村有个韩三爷（福建人，迁居此地）有大帆楼船三艘，每艘能载货80吨～100吨，专在海面上运货经商。他的船只东航至广州、厦门，西航至东南亚的一些港口。航行时，常不定期地捕捉海盗交给官府惩处。官府曾赠两匾颁其功，匾上分书曰："胆勇出众""义勇超群"（此匾已被毁无存）。古时的海安港，以交通要道、对外贸易繁荣著称。现在民间还流传着："会雷吊琼"的传说。讲的是，历朝官员来到海安，就可以直接向海南的官员发号施令。根据有关志书记载，明洪武二十七年（1394），曾在徐闻县建立锦千户所、海安千户所共同扼守

海安港港口搬运情景

雷琼海道。明天顺年间，为防御倭寇骚扰，徐闻县治曾一度由宾朴迁到海安。海安所城曾是高、雷、廉三府水师的驻地。唐宋以来，海安是朝廷贬官流放海南必经之地。唐代宰相李德裕、宋朝宰相李纲被贬海南就是由这里过海的。苏东坡流放海南途经此地时，看到海安港宽阔的海面，天水一色、千帆竞发，感慨万千，便挥笔赋诗一首曰："参横斗转欲三更，苦雨终风也解晴。云散月明谁点缀，天容海色本澄清。空余鲁叟乘桴意，粗识轩辕奏乐声。九死南荒吾不恨，兹游厅约冠生平。"明代著名戏剧家汤显

祖谪任徐闻典史期间，也曾亲临此地游览。

海安港依靠辽阔的经济腹地，客、货源均充足，物资运输分类多，流向长。自海安港运往上海、天津、宁波、青岛、广州、汕头、三亚、老城、湛江、江门、海口等地。主要物资有煤炭、石油、金属矿石、钢铁、矿性建材、水泥、木材、非金属矿石、化肥、农药、盐、日用工业品、粮食、农副产品等，其中较为大宗的是日用工业品、糖、粮食、农副产品。

五、汕头港

1．港口介绍

汕头港位于广东省东部沿海，居福州至广州黄金海岸中央，扼韩江、榕江、练江之出海口，素有"岭山之门户，华南之要冲"的称誉。汕头港由汕头港区和广澳港区组成。目前，汕头港务局拥有煤炭、件杂货、客运等泊位17个，其中3.5万吨级煤炭泊位1个，2万吨级多用途泊位1个，1.5万吨杂货泊位1个，以及仓库货场19.5万平方米，装卸机械设备303台，港作船舶58艘。近年来，汕头市大力发展港口物流业和海运业，与世界上57个国家和地区的268个港口都有货运往来，2006年，汕头港货物吞吐量首次突破2000万吨，达到2012.5万吨。

2．港口自然情况

气象风况：常风向与强风向均为东北东向，全年大于6级风的出

渔船汇集的汕头港

现频率不到10%。汕头地区受台风影响，平均每年有3次～4次台风正面袭击或影响港区。有历史记录的强风最大风速达52.1米/秒。伴随台风而来的风暴对汕头港区也有较大影响，最大增水达3.02米。

降水：年平均降水量1672.5毫米，每年5月～8月为雨季。

雾况：1月～4月为雾季。年平均雾日为22天，连续碍航雾天数不

夕阳下的汕头港

超过两天。

气温：年平均气温21.3℃，历年最高为37.9℃，历年最低为0.4℃。

水文潮汐：属不规则半日潮，最高潮位4.97米（受风暴潮增水影响），最低潮位－0.3米，平均潮差1.03米。

潮流：属弱潮河口海湾，湾内潮流受地形制约，为东西向往复流，涨潮流流速鹿屿水道为1.3米/秒，落潮流流速鹿屿水道1.54米/秒～2.06米/秒。

3．港口基础设施

汕头港所处的汕头湾是三面环陆的天然海湾，水域面积约68平方千米，水深10米的水域面积达2.3平方千米，东起德州岛（又称鹿屿）最东端，西至龟屿最西端为其港区范围，岸线长达21.85千米。汕头港现有泊位以港务局为主体，辅以经济特区、航运公司码头和石油、粮食货物码头，共有3000吨～5000吨级泊位14个，其中：港务局所属码头8座，包括客运站经营的5000吨级客货泊位1个，配套客运大楼8929平方米。第

出港的货船

一港务公司经营的5000吨级粮食、件杂货泊位6个，配有陆上仓库12座共3.57万平方米，堆场7处，共2.91万平方米。第二港务公司经营的5000吨级煤炭及疏运驳船泊位各1个，配备堆场1.49万平方米。另有三百门港务公司经营的柘林湾过驳锚地1.6万吨浮筒泊位2个，500吨级驳船码头2座，1000吨级驳船码头1座，配套仓库2座，2251平方米，堆场5处，6432平方米。特区龙华企业有限公司经营的3000吨级杂货码头1座，配备仓库4座，

计6000平方米。汕头市东区粮食港口公司经营的3000吨级货运码头1座，配备粮食仓库2座，计8000平方米，装卸机械17台。引航锚地位于赤屿东北，水深6.5米，底质为泥沙，锚地面积314.2万平方米；港内有检疫、待泊、避风锚地，水深6.0米左右，底质为泥沙，锚地面积为117.9万平方米。航道分为港外航道和港内航道。港外航道长9400米，宽200米～500米，航道水深4.7米～7.0米；港内航道长9150米，宽350米～500米，航道水深58米。港口设有灯塔3座。

汕头港区设有3对导标，三百门进港航道正建设2对导标。港区内设灯浮以保障航行安全。

六、汕尾港

1. 港口介绍

汕尾港位于粤东红海湾，汕尾城区西南边。汕尾港面积达25平方千米，海岸线长16千米，主航道水深近10米，载重千吨的轮船可在该港自由进出。

汕尾港是对外开放口岸，是红海湾之滨一颗闪闪发亮的明珠。它

距香港150千米，地理位置得天独厚，渔场辽阔，海产资源丰富；海运业蓬勃发展，海滨景色优美，有适宜游泳的浅水海滩；更有不可多得的天然避风港，台风来临时，众多船只云集在此避风，形成"千帆待发"之势，好不壮观！汕尾港是全国六大特等渔港之一，游览汕尾海滨风光，食海鲜美味，参观生产过程，颇有趣味。

汕尾港东南面是与汕尾港隔海相望连绵起伏的山峦，北面是一条长1850米、宽85米、高4.11米的"沙舌"，就像一座"海上长城"。

创汇渔业和出口原盐，是汕尾港的两大重要资源，历来在省内经济发展中占有重要位置。它是广东省最大盐场生产和原盐出口基地。汕尾港海产品种繁多，其中有马鲛、鲳鱼、石斑、鱿鱼、鲍鱼、龙虾、对虾、牡蛎、膏蟹等多种优质、高值海鲜以及红薐、麒麟菜、石花菜、紫菜等多种优质藻类。汕尾港还是一个重要海运口岸。

2. 港口自然情况

气象风况：常风向北风，频率为14.6%，每年2月～5月多东风及

东南风，6月~9月多西南风，10月至次年1月多东北风，5月~10月为台风季节，平均每年有2次台风影响汕尾港，最大风速达45米/秒。风向偏东。

降水：年平均降水量为1880.8毫米，5月~9月为雨季。

雾况：2月~4月为雾季，年平均雾日为7天。

气温：年平均气温约22.2℃，历年最高气温37.3℃，历年最低气温1.6℃。

水文潮汐：属不规则半日潮，最高潮位2.89米（受风暴增水影响），平均高潮位0.72米，最低潮位0.98米，平均低潮位0.58米。

潮流：一般情况下，涨潮流速约为0.62米/秒，落潮流速为1.18米/秒。

3．港口基础设施

汕尾新港区于1979年建成投产，港区水域长约4千米，宽600米~800米，水深4米~6米。航道水深3.2米。现有1000吨级泊位6个，包括可同时靠泊3艘1000吨级海轮的顺岸码头1座。配有仓库2座，总面积5364平方米；堆场2

个，总面积4400平方米。另有货物仓库3470平方米。香港客班轮设有1000吨级专用码头1座，配有联检大楼、商场、宾馆等服务设施。盐务局经营的1000吨级盐务码头1座。引航锚地位于红海岛东方2.8千米处，面积10.8平方千米，水深8米~10米。底质为泥沙。检疫锚地位于三点金礁灯桩东南926米处，面积2.69平方千米，水深4米~7米，底质为泥沙。港内设有避风锚地。三点金礁灯桩闪白色光，周期8秒，灯光射程约19千米。沙嘴灯浮闪绿色光，周期4秒，射程约1.9千米；1号灯浮闪绿色光，周期4秒；2号灯浮联闪红色光，周期6秒，射程1.9千米；3号灯浮联闪绿色光，周期10秒，射程约1.9千米，港内设有导标灯。

七、深圳港

1．深圳港概述

深圳是中国最早对外开放的经济特区，以出口外向型经济为主，港口是其重要的交通基础设施、对外开放的门户。

深圳港的建设与深圳经济特区

深圳港的大宗货物

同步发展，从无到有，从小到大，在推动各行业的发展、改善投资环境、吸引外资、扩大对外交流等方面，发挥着重要的作用。随着中国经济的进一步发展和改革开放的深入进行，深圳港已成为华南地区极具影响力的集装箱大港。

深圳港位于广东省珠江三角洲南部，珠江入海口东岸，毗邻香港。1980年建特区后，港口迅速崛起，建成蛇口、赤湾、妈湾、东角头、盐田、黄田机场、沙鱼涌、内河8个港区。1991年年底，深圳港口已进入全国沿海十大港口行列。至2003年底，共建成136个500吨级以上各类泊位，其中47个万吨级以上泊位；86个经营性泊位，其中39个万吨级以上经营性泊位；14个集装箱专用泊位；9个货主码头泊位，其中3个万吨级以上泊位；18个客运轮渡泊位；23个非生产性泊位。形成年综合总吞吐能力7313.4万吨，其中集装箱吞吐能力495万TEU；客运通过能力550万人次，轮渡通过能力18万车次。

2003年深圳港货物吞吐量达到

11220万吨，比上一年增长28%；集装箱吞吐量完成1065万TEU，同比增长39.8%。2008年深圳港货物吞吐量增幅为6.01%，集装箱吞吐量增幅为1.50%，增幅是深圳港建港以来的新低，比上年同期分别减少7.61和12.76个百分点。

随着国际国内宏观形势和经济政策的变化，目前深圳港新建的港口设施出现了货量不足的尴尬局面，各个港口间狭隘的非市场经济手段的竞争，也加剧了港口行业的非良性发展。针对当前问题，深圳港采取稳定外贸箱量，加大港口内贸、国际中转业务，延伸海铁联运，与中海签署《战略合作框架协议》，实施港航产业政府财政补贴等多项措施，减缓港口受到的冲击力度。

2.港口交通

深圳港四周交通便利快捷。铁路有京广线及京九线与全国铁路联通；公路有广深、惠深和深汕等高速公路组成的高等级公路网与珠江三角洲和中国东南地区相连；海上与全国沿海和世界各地港口相通；加上坐落于深圳西部的宝安国

际机场，使深圳的交通运输形成了海、陆、空现代化的立体网络。这些优越的自然条件和特殊的地理位置，为深圳港的发展和建设带来了机遇。深圳港建港20多年来，累计投资近200亿元，用于码头建设；目前主要有三家集装箱专用码头公司，即盐田国际集装箱码头、蛇口集装箱码头和赤湾集装箱码头。

3.港口排名及吞吐量情况

随着深圳港口行业稳步发展，集装箱吞吐量进入了高速增长阶段。1995年起，深圳港保持国内沿海港口第二大集装箱港口地位，2001年更是突破了500万标准箱，进入了世界十大集装箱港行列。2008年深圳港货物吞吐量达21115.42万吨，同比增长6.01%，其中外贸货物吞吐量16199.86万吨，同比增长6.06%；集装箱吞吐量2141.62万TEU，同比增长1.50%。进出港旅客358.80万人次，同比下降15.78%。靠离港船舶31.5万艘次，同比增长5.6%，引领船舶24635艘次，同比增长1.23%。

内贸集装箱吞吐量稳步增长。全年内贸集装箱吞吐量96.9万

TEU，同比增长6.18%，其中招商港务完成92万TEU；盐田国际完成内贸集装箱吞吐量4.9万TEU。

招商局蛇口港区、赤湾港航股份、盐田国际码头分别完成569.15万、591.26万、968.35万TEU，同比增长13.15%和下降1.51%、下降3.32%。东西部港区集装箱吞吐量市场份额为：东部港区968.35万TEU，占全港总量的45.22%，西部港区1173.27万TEU，占总量的54.78%；重箱占总量的64.55%，空箱占35.45%。

4．港口发展情况

迄今为止，共有34家中外著名航运公司挂靠深圳港，开辟的国际集装箱班轮航线达76条，其中美洲线39条、欧洲线15条、亚洲线13条、地中海线3条、大洋洲线2条、中东线3条和南非线1条。深圳港平均每月国际集装箱航班靠泊达350艘次。此外，深圳港还开通至香港驳船只线路11条，内贸航线19条。目前深圳港每周都有世界上较大的集装箱船前来停靠。由于班轮的良性周转，码头的优质服务，深圳港集装箱装卸纪录屡被刷新。

八、水东港

茂名水东港在清道光年间已成为粤西地区的重要商埠，在清咸丰年间和民国年间，曾两度开展对外通商贸易。1958年广东省航运厅投资在水东湾建成50吨级泊位6个。20世纪80年代开始大规模的港口开发建设。1984年开辟炮台港为港澳进出口货物起运点，后经批准成为装卸点，各检查检验单位陆续筹建。1986年筹建港监，1987年筹建海关，1989年筹建商检、动植检和卫检，1991年筹建边检。1988年10月，经国务院批准成为对外开放的一类口岸，并更名为茂名水东港。1993年6月18日，水东港经国务院批准正式对外国籍船舶开放。水东港水路交通便利，发展至今已成为茂名市货物集散地和主要通商口岸。

茂名水东港口岸位于广东省的西部，是南海伸入内陆的一个面积约32万平方千米的潟湖湾。水路距广州456千米，湛江126千米，香港330千米，海口港248千米，北海港470千米；陆路与广湛325国道、207国道、高水一级公路、三茂铁

繁忙的水东港货运

路相接，通往全国各地，距茂名市区38千米，距原电白区水东镇12千米。水东港是我国南方重要的油品中转、集散基地和石油化工产品进出口基地，也是海产品及农副产品的进出口基地。茂港区是一个港口与城郊结合型新区，茂名港被分为水东港区、博贺港区、北山岭港区三个港区。其中水东港区是茂名地区最重要的港口，有各类功能齐全的码头泊位41个，其中包括5个万吨以上泊位，年吞吐能力达1700万吨以上。已建成20多个货运码头、集装箱码头、成品油码头

等泊位，其中包括6个万吨级以上泊位。

水东港是西南地区通往港澳和东南亚地区重要的出海口。新修的铁路直通茂名，水东港更是成为华中地区最近的出海口。

但由于历史的原因以及茂港区经济基础的薄弱，多年来，水东港的优势并没有得到充分发挥，这成为茂名区发展的一个硬伤，致使水东港区的作用得不到发挥，临港经济没有形成，成为严重制约水东港经济发展的瓶颈。纵观世界，港口经济都是一个城市发展的龙头和引

擎。发展水东港的最大经济潜力在于港口，有关部门已经制订了打造沿海石化产业带的发展战略。水东港的建设时机已经逐渐成熟，应该抓住一切机遇和发展机会，进行港口大开发，实现将水东港建设成沿海石化产业带的目标。

九、霞海港

霞海港是广东省湛江航运集团有限公司属下的港口企业，位于广东省雷州半岛东北部，在湛江经济技术开发辖区内。1983年开始办理外贸运输业务，1986年11月1日正式对外国籍船舶开放。属一类对外开放口岸。

霞海港现有码头岸线总长312米，3个泊位，其中：万吨级泊位1个，长172米，码头前沿50米以内港池水深9.5米，50米以外港池及航道水深7米；千吨级泊位2个，码头前沿港池水深5米。码头配有10吨门座起重机3台，16吨的内燃式轮胎起重机2台。港口现有普通仓库6幢，总面积2万平方米；普通堆场3个，总面积1.6万平方米，简陋堆场1.2万平方米。另外，港内

设有60万吨地磅日夜对外服务。霞海港年通过能力65万吨，2万个标准箱。

霞海港经济腹地深广，主要是广东、广西、湖南、云南、贵州、四川等华南和西南各省。湛江、广西部分地区生产的糖、酒精、橘水、矿砂、硅锰、硅铁等、农牧林渔业产品、原材料、矿产资源设备及集装箱等，大部分通过霞海港运往韩国、日本等国家和我国香港、澳门、台湾等地区，海南及沿海港口运来的糖、夹板、煤、化肥、工农业产品、燃料、材料、矿砂、钢材、盐、设备、集装箱等通过霞海港转运到市内、各县市及广西部分地区。贵州、云南等省的矿产通过霞海港运到日本等国家和我国香港、澳门、台湾等地区。霞海港设有水路铁路货物中转运输业务；港口主要通过汽车或船舶集疏运量。

港口于2001年8月27日与澳门联合航务投资控股有限公司（在毛里求斯注册）合作，经交通运输部批准成立"湛江霞海港集装箱码头有限公司"；公司坚持"信誉第一，质量至上"的原则，开辟了国内外

集装箱运输航线，为货主提供上门服务。另外，港口还提供多种合作项目，如共建沙场、货柜车停车场等，开展多种经营，共同发展。

十、阳江港

阳江港水运口岸是阳江市唯一对外国籍船只开放的国家一类口岸。

阳江港位于海陵山港以北，阳江市平岗镇吉树村西南方向的海域，濒临南海，水路距出海口约15千米，东距香港约306千米、广州370千米，西距湛江204千米。陆路东距阳江市25千米，西距阳西县城30千米，南属阳江港开发建设的大片平洲，北距三茂铁路63千米、广湛公路15千米，是广州与湛江之间的水路交通中心点，也是中国西南地区一个重要的进出口通道。

阳江港港口自然条件好，港池水域宽达18平方千米，可建码头岸线6000多米。港池平时水深10米以上，涨潮时可达14米，主航道最窄处宽150米，自然水深9米，涨潮时可达13米。港湾纳潮量大，水流稳定，不易回淤。港湾四周翠山环抱，港内风平浪静，避风良好。宽阔、水深、浪静、不淤积，是阳江港的天然特点。阳江港航道、导航、引水、通信设备齐全，为船舶进出港创造了良好的条件。

阳江港是新建港口，1989年正式动工，1992年年底投入使用。1993年港口货物吞吐量达31.3万吨，1994年为66.7万吨。船舶进出港口安全顺利，在港装卸快捷，服务周到。

阳江港

阳江港目前已建成万吨级杂货码头泊位2个，总长308米，设计能力100万吨/年。码头作业面积17万平方米；货仓3座，共1.31万平方米，其中保税仓1座，面积4400平方米。配套有5吨龙门吊车2台、16吨龙门吊车1台，35吨集装箱门吊机1台，40吨集装箱吊机1台，16吨轮胎吊车4台以及集装箱拖车、装载机、叉车等各种装卸机械20多台。

港口还建有万吨级泊位油码头1个，设计能力100万吨/年。配套有5万吨储油库和4000立方米的储气库。

十一、湛江港

湛江港位于我国广东省雷州半岛东北部，濒临南海，西靠北部湾，南与海南岛隔海相望，北倚大西南，处于连接南北半球、沟通太平洋、印度洋的中心位置，是中国大陆通往东南亚、非洲、欧洲和大洋洲航程最短的港口，凭借优越的地理位置，现在已经与世界上100多个国家和地区通航。

湛江港1956年开港，是新中国成立后第一个自行设计建造的现代化海港，经过五十多年的建设发展，成为我国沿海25个主要港口之一，是西南沿海港口群的龙头港，也是唯一的一个亿吨大港，而且更是我国中西部和华南地区货物进出口的主通道和中国南方能源、原材料等大宗散货的主要流通中心。湛江港甚至在亚太经济圈中都有着非常重要的战略地位。

湛江港是全国唯一的东、中、西三大地带共用的沿海主枢纽港，货源腹地横跨华南、西南、中南三大经济区域，主要包括广东、广西、贵州、云南、湖南、四川、重庆等省区，同时辐射湖北、福建、江西、江苏、安徽等部分地区。

湛江港是国家综合运输体系的重要枢纽，也是粤西地区和环北部湾地区的交通中心枢纽。地理位置和交通条件非常优越。比如，它的水路与世界100多个国家和地区直接通航，成为连接中国大陆与环太平洋海域物流运输的重要枢纽。还有它的铁路、公路可通黎湛、河茂、三茂、粤海线及在建的洛湛、合河铁路与全国铁路网相连。公路可经207、325国道、茂湛、广湛、渝湛高速公路通往全国各地。

湛江港（集团）股份有限公司是湛江港最大的公共码头营运商，它的前身是湛江港务局，2004年的时候改制为湛江港集团有限公司。2007年至2008年，经整体改制、增资扩股，成为由湛江市国资委控股，招商局国际、宝钢集团等6家企业持股的外商投资股份制企业。

湛江港集团现有调顺岛、霞山、霞海三个经营港区，生产性泊位38个，其中含26个万吨级以上泊位，拥有全国最大的30万吨级陆岸原油码头、华南地区最大的25万吨级铁矿石码头和亚洲地区最深的30万吨级航道，港口年通过能力4954万吨。港区仓库面积22.7万平方米，堆场面积133.4万平方米，油罐容积54.2万立方米，装卸机械770多台（套），港作船舶22艘，输油管线41.5千米，铁路专用线107千米。可承担集装箱、件杂货、散货、石油、液体化工品、重大件、危险品等多种货物的多种业务，同时还开展货物代理、船舶代理、船舶拖带、保税仓储、出口监管仓储以及贸易加工、分拨、配送、信息

等物流增值服务。

2008年湛江港集团完成货物吞吐量5956万吨，约占全市港口总吞吐量的2/3。其中，外贸吞吐量3944万吨；铁矿石和石油吞吐量分别位居全国沿海港口前十位，其中铁矿石吞吐量完成2551万吨，石油吞吐量完成1869万吨；集装箱吞吐量完成24.0万吨。

"十一五"期间，湛江港集团计划投入巨资增加港口的基础设施建设，重点实施30万吨级航道工程，同时对老港区实施全面技术改造和功能性调整，新增年设计通过能力7000万吨以上，形成铁矿石、石油、煤炭、粮食、化肥、硫黄等大型物流集散基地和分销中心，进一步确立南方亿吨大港和西南出海主通道的地位，打造西南沿海和环北部湾区域性国际航运中心和物流中心。

十二、珠海港

珠海港是全国20个沿海主枢纽港之一。珠海港有8个港区，根据功能和定位分为西、东、中三片。高栏港区是主体港区。已建成各种生产性泊位91个，码头总长6491

米，其中万吨级以上的泊位8个，总吞吐能力达货运2015万吨/年，客运845万人次/年。共有一类开放口岸5个，二类口岸17个，基本形成分工明确、布局合理的港口网。珠海港海陆总面积7760平方千米，其中陆地面积1630平方千米，海洋面积6030平方千米，拥有146个海岛。

东部港区包括桂山港、唐家港、香洲港仓储，业务范围包括油品、化学品、危险品的储运、分装、调和等。现有阿吉普和正在规划的30万吨的和仓储区。中部港区主要以九州港、洪湾港、香洲港以客运为主。

西部港区高栏港、井岸港、斗门港主要是石化产业和综合运输功能。现有2万吨级码头两个，5万吨煤码头两个，5万吨液化气码头两个，8万吨油品、危险品码头两个。

即将驶入珠海港的货船

第十章 山东沿海港口

一、岚山港

1．港口介绍

岚山港，位于山东省日照市东南部，是国家一类开放口岸。自1997年7月开始经营外贸煤炭出口业务以来，现已逐步发展成为煤炭出口的重要中转站。其突出特点如下：

港口大小泊位兼备。现有4个专用泊位，分别为2万吨级一个（水深10.2米），1万吨级一个（水深8.5米），5000吨级泊位两个（水深7.5米），港口年均潮高4.76米，3万吨级船舶可满载乘潮进出港口。

配套设备齐全。现有10吨门机10台、40吨多功能门机1台。货场配有专业性皮带机、筛选机、除铁器等设备，能满足各种煤炭的加工出口要求。

堆存货场广阔。煤炭堆场达30万平方米，可一次性堆存煤炭30万吨。各煤种以活动墙进行隔离，单存单放，避免了相互混杂和外来污染，确保了煤炭的保管质量。

铁路运输便捷。坪（上）岚（山）铁路直达码头货场，经过兖州的煤炭运至岚山港，要比运至临近港口至少缩短运距30千米，且坪岚铁路在现有运量的基础上，尚有500万吨的潜力有待发展。

港口水陆交通便捷。坪岚铁路与兖石线接轨，全长33千米，直达码头货场；公路南接连云港，北连青岛，西通兖州，204国道侧贯南北。距上海港约711千米，距台湾的基隆港约1558千米。自1989年实行一类口岸开放以来，已先后有美国、巴拿马、加拿大、希腊、日本、韩国、荷兰、泰国、菲律宾、新加坡等30多个国家和我国香港等

地区的货轮来港靠泊装卸货物。

2．港口自然情况

气象风况：年平均风速3．4米/秒，最大风速20米/秒，常风向为北。

降水：年平均降水量915.7毫米，年最大降水量1426.2毫米。

雾况：年平均雾日为26.7天，多在3月～7月。

气温：年平均气温为12.6℃。8月份平均温度25.8℃。历年最高气温为38.3℃（1977年6月12日），1月份平均气温－1℃，历年最低气温－14.5℃（1985年1月16日）。

水文潮汐：属规则半日潮。最高潮位5.12米，最低潮位0.56米。

潮流：潮流按逆时针方向旋转，大潮最大涨潮流速0.88厘米/秒，最大落潮流速0.69厘米/秒。

3．港口基础设施

岚山港是一个多功能综合性贸易口岸，对鲁南地区国民经济的发展发挥了重要作用，特别是为革命老区临沂的经济振兴做出了重要贡献。岚山港建材和液体石油化工的进出口专用港口对山东省乃至河南、河北及大西北地区的物资交流

发挥了重大的作用。岚山港现有海岸线6千米，水域面积12万平方千米，陆域面积45万平方米。现有综合锚地1个，在码头东南方向，距码头5.6千米。港口泊位前沿平均水深8.5米，港池平均水深7.8米。进出港航道，进为315真航向，出为135真航向，主航道上还有两条向东北方向和东南方向延伸的分航道，港池至锚地航道水深为10米～14米。现有灯塔1座。航道设航标灯9个，并设有雷达导航仪，主要用于夜间、雾天导航。港口现有机械总数80台，并备有集装箱轮胎起重机1台，单机最大起重机能力为50吨。现有港作船舶3艘，功率为3802千瓦，其中最大拖轮功率为1912千瓦。港口铁路共2.8千米，其中装卸线有5条，由坪岚线铁路临管处管理。

二、龙口港

1．地理位置

龙口港，位于胶东半岛西北部，渤海湾南岸，与辽东半岛、天津市、大连市隔海相望。其经济腹地包括龙口市、周边县市区及潍

坊、东营、德州、滨州等地市。

2．港口规模

龙口港是山东渤海南岸最大的开放商港，规模居全国地方港口之首，现有码头岸线2782米，生产泊位19个（其中2万吨级两个，万吨级5个，5000吨级6个），年货物吞吐量突破1000万吨，客运量30多万人次；港口航道水深12米，底宽100米；库场面积1.34万平方米，液体与散杂疏运管线9518米；机械设备600余台，通信导航、水电设施配套齐全。

3．业务种类与范围

港口经营水泥、煤炭、黄沙、原盐、粮食、木材、杂货、干鲜水果、蔬菜等货物运输及国际集装箱的装卸、仓储、中转运输业务。其辖设的公司负责港口装卸生产、货物组织、储运、机械加工制造、滚装客货运输、水电暖安装、物资供应、港务工程、生活服务、外轮代理及内外轮理货业务。

龙口港拥有50多条国内外航线，与世界上30多个国家和地区的港口有运输往来，从此起航可直达全国各港口及俄罗斯、日本、美国西海岸、西欧等地，业务遍及全球。

4．发展规划

龙口港可建万吨级以上泊位30个～40个；拟建集装箱、钢材、盐、水泥等专用泊位7个，使港口吞吐能力达2000万吨以上；在西港区规划建设10万吨级以上的大宗散货码头、石油化工码头，从而形成东港区、中港区、西港区三部分各具特色、协调发展的港口陆域布局。

三、青岛港

青岛港位于山东半岛的胶州湾畔，地处黄海北部的咽喉要道。至1995年年底，青岛港有水陆域总面积809万平方米，码头营运泊位

青岛港

47个，总延长9487米，最大靠泊能力20万吨级，库场面积125.5万平方米，装卸机械665台。1995年全国港口吞吐量5102万吨，青岛港占86%，其中外贸吞吐量2360万吨，集装箱吞吐量60.3万TEU，旅客吞吐量23.5万人次，大宗货种为煤炭、石油、矿石、钢材和集装箱等。至1995年年底，青岛港已先后同美国西雅图港，德国威廉市港，日本下津港、清水港等建立友好港口关系。2007年7月15日，中宣部、交通部、全国总工会、山东省委、青岛市委联合在人民大会堂举

行了"青岛港科学发展模式高层研讨会"，一致评价青岛港成功地创造了属于自己的港口模式。

青岛港地理位置优越，是一座举世闻名的深水良港。港深域阔，不淤不冻，地理位置和自然条件都十分优越，交通运输便捷。青岛港是胶济、胶黄铁路的起点，铁路通过胶济线、胶黄线与石太线、京广、京九等全国铁路大动脉连接，并已开通青岛至欧洲的新亚欧大陆桥过境列车，港口经济腹地宽广，是中国经济最具活力的地区之一。

青岛港共有14座码头，72个泊

青岛港港口情景

位（商用49个），其中万吨级以上深水泊位30个。港内共有库场面积近194万平方米，拥有各类机械设备3000余台，船舶57艘。并拥有中国最大的20万吨级的黄岛油码头、全部自动化装卸的前湾港煤码头、中国北方最大的10万吨级矿石中转码头、中国最大的集装箱散杂货码头——8号码头，以及能停靠第五代集装箱船舶的集装箱专用码头。港口采用了雷达导航、移动通信等现代化通信手段和计算机信息管理系统，进行船舶进出港作业和港口装卸生产作业管理。在中国沿海港口中首家整体通过客货运输服务体系ISO9002质量认证。

青岛港始建于1892年，是具有一百多年历史的国家特大型港口，是全国512户重点国有企业之一。主要从事集装箱、煤炭、原油、铁矿、粮食等各类进出口货物的装卸服务和国际国内客运服务。与世界上130多个国家和地区的450多个港口有贸易往来。是太平洋西海岸重要的国际贸易口岸和海上运输枢纽。

青岛港在发展过程中始终坚持"质量兴港、科技兴港、实干兴

青岛港风光

港"的方针，牢固树立"质量、服务、信誉是青岛港的生命线"的观念，不断加强"五个文明"（文明装卸、文明生产、文明施工、文明环境、文明服务）管理。坚持"没有用户，没有货主，青岛港就没有饭吃；货主满意就是质量工作的标准；价格优惠，手续便捷，24小时服务"的三项原则，大力实施"诚纳四海"服务名牌战略，集团装卸运输服务、集装箱核心班轮保班服务、氧化铝装卸灌包服务、原油装卸中转服务、煤炭装卸服务、铁矿装卸服务、外轮理货服务、大件吊装服务被评为"全国用户满意服务"国家级名牌。2003年又创出了无论多大的集装箱船舶全部"10小时以内完船"的"振超效率"，并创造了船时效率每小时381自然箱

和单机最高效率70.3自然箱的世界纪录，创出了铁矿卸船平均每小时卸船5698吨的世界最高纪录——"孙波效率"。港口吞吐量从2000多万吨连续跨过10个千万吨级大台阶，2003年达到14089万吨，2001年、2002年、2003年每年净增2000万吨，提前3年实现"十五"计划吞吐量目标。外贸吞吐量突破1亿吨，完成10234万吨，同比增长24.4%，成为中国第二个外贸亿吨大港。集装箱吞吐量突破400万TEU，完成423.8万TEU，居世界集装箱大港第14位。进口铁矿吞吐量均居沿海港口第一位。2004年一季度，完成港口吞吐量4009万吨，同比增长18%。其中，完成集装箱吞吐量114万TEU，同比增长14%。

经过数年努力，青岛港成功改造了一个老港区，建设了两个新港区。港口资产由5亿元裂变增值到110.4亿元，为国家净增105.4亿元优良资产。拥有了全国最大的集装箱码头、原油码头、铁矿码头和国际一流的煤炭码头、散粮接卸码头，大陆港口规模最大的EDI信息中心，全国港口唯一的国家级技术中心和唯一的博士后科研工作站。可以说，"世界上有多大的船舶，青岛港就有多大的码头"。

青岛港坚持扩大对内对外开放，先后建立中外合资企业近20家，并已有6家世界500强企业落户青岛港，实现了强强联合，共赢发展。2003年7月21日，青岛港集团与世界第一大航运公司丹麦马士基集团、世界第二大航运公司英国铁行集团、中国最大的航运公司中远集团，在北京人民大会堂隆重举行青岛港前湾集装箱码头合资项目签约仪式。国务院总理温家宝、英国首相布莱尔率两国政要出席签约仪式。这次三国四方强强联手经营码头，打破了此前中国大陆沿海港口多采用两方合资经营码头的方式，不仅引进了资金，而且引进了技术、管理和大量的箱源，成为世界上最大、最具实力的集装箱码头企业之一。2004年1月9日，三国四方青岛前湾集装箱码头有限责任公司隆重开业，揭开了青岛港集装箱事业大发展的崭新一页。青岛港还积极构筑并强化集团为决策层、公司为经营层、基层队为管理层、班组为操作层的四级管理新格局。

青岛港的发展受到了上级领导的高度关心和大力支持。被交通运输部确定为全国交通系统"三学一创"的典型和全国港口行业唯一的示范"窗口"，并获得全国优秀企业、全国思想政治工作优秀企业、中国企业管理杰出贡献奖、全国创建文明行业工作先进单位、2002年国家质量管理卓越企业、中国企业500强、中国最具影响力企业等荣誉称号。

四、日照港

日照港位于山东半岛南翼，日照市境内。日照港拥有两个中国吃水最深、泊位能力最大的15万吨煤炭专用泊位和1个5万吨级煤炭专用泊位，目前年通过能力为4500万吨，煤炭专用堆场10个，堆存能力400万吨，是中国重要的煤炭出口码头。

日照港拥有两个20万吨、30万吨级矿石专业泊位，水深分别为20.5米和24.5米，设计能力为3500万吨。

日照港还有两个现代化的集装箱专用泊位，码头前沿水深分别为16米与17米，码头海岸线长844米，年设计通过能力150万TEU以上，可以停靠第六代国际集装箱船。集装箱专用堆场超过40万平方米，是目前全国沿海港口吃水最深、后方堆场最大的集装箱码头之一。

日照港的散粮专用泊位为8万吨级，泊位长354米，泊位水深15米，现航道水深10.5米，乘潮可以接卸吃水13.5米以内的船舶。

日照港的煤炭装卸主要设备由国外引进，现代化程度高。卸车线有翻车机4台，每台卸车能力3600吨/小时；卸车能力400吨/小时的螺旋卸车机4台；堆料能力3600吨/小时的堆料机5台；装船能力6000吨/小时的装船机3台；取料能力3000吨/小时的取料机8台。煤炭装卸作业由中央控制室实行控制。高精度的电子计量设施对进出港口的煤炭进行动态计量，在装卸过程中都有现代化的金属杂质分离器进行质量控制，并有先进的化验仪器对进出港煤炭的各项指标进行监测。

日照港煤炭不仅装卸运输手段先进，而且拥有先进的管理措施，在煤炭的装卸作业过程中实施品牌

海岸边的日照港

战略，装卸效率始终处于国内先进水平，最高装船效率达到9486吨/小时，为中国煤炭单船装船效率最高纪录，被称作"日照港效率"。

港口陆上铁路经兖石与全国铁路网相连；公路有3条干线通往全国各地；水路可直通我国沿海及全国各港，目前已与世界上50多个国家和地区通航。随着中国兰新铁路与哈萨克斯坦土西铁路的全线贯通，作为新亚欧大陆桥东方桥头堡之一的日照港，正日益成为国际海陆运输的重要枢纽。

日照港于1980年开始建设，1986年5月正式开港。目前，港口共拥有生产位18个，设计能力2210万吨。日照港是我国大型煤炭输出港之一，列世界主要煤港第15位。

日照港拥有各具特点的第一装卸公司、第二装卸公司和铁路运输公司、港埠公司、轮驳公司、引航公司、储运公司等专业性公司，并具备先进的通信、电力系统和建筑（港湾工程）、机修等能力。

五、石岛港

石岛位于山东胶东半岛东南端，濒临黄海，因"背山面海，遍地皆石"而得名。早在隋唐时期，石岛便成为与日、韩交往的重要商埠，贸易、文化往来持续繁荣。清康熙年间于石岛建商港、渔港。新中国成立前后先后设立石岛特区、石岛市、石岛县，1958年撤县设镇，1999年1月1日石岛镇与石岛湾开发区实行镇区合并，2000年6月28日石岛镇与斥山镇实行镇镇合并，2001年4月9日与王连镇、东山镇实行镇镇合并，属荣成市建城区之一。现区域总面积188.5平方千米，辖118个行政村，1个省级开发区和贸易区，总人口14万人。

石岛港位于山东半岛最东端，荣成市南部石岛湾畔，处于山东经济开发区的前沿地带。属山东省荣成市辖境。石岛港水陆空交通便利。公路可直接与威石、青石、烟石、潍石等国道相连。石岛港距威海机场50千米，定班飞往北京、广州。水路可直航于国内外各大港口，距烟台港216.7千米、青岛港237千米、大连港

石岛港风光

274千米、日本神户港850千米、韩国第二大港仁川港200千米。

石岛港是山东省交通厅下属的一个中型国有企业，是南北航运重要的物资集散地，下辖俚岛、蜊江两个港务办事处。港区总面积3173.7万平方米，其中陆域面积为24.4万平方米，水域面积3149.3万平方米，码头岸线长850米。现有泊位9个，其中5000吨级泊位1个，1000吨级泊位3个，500吨级泊位两个，500吨级以下泊位两个。港区共有锚地5处，可锚泊8万吨的船舶；灯塔1个，坐落在港湾与外海

相连之处的镇锣岛。

石岛以港闻名，以渔强镇，经济实力雄厚。早在民国初期，孙中山在《治国方略》中就将石岛与上海、广州并列为中国东方三大港口，渔业现拥有包括中国北方最大的渔港——石岛渔港在内的17处渔港、码头，拥有渔业企业39个，拥有各类渔船717条，其中350马力以上大型捕捞渔船105对，国际销鲜直运船33艘、大洋鱿钓船、拖钓船13艘，渔业冷库135座，库容4万多吨，养殖海面904公顷。渔业总资产16亿元，年总收入过亿元的渔业企业9个。2002年水产品总产量达18.7万吨，渔业总收入46亿元。工业已基本形成以机械、化工、食品、建材、造船等为主的22个门类、50多个自然行业、2000多个品种的工业生产体系。现拥有226个集体工业企业，固定资产总值达6.3亿元。销售收入过千万元或利税过百万元的企业达87家，2002年实现销售收入62.6亿元，利润6亿元。第三产业拥有流通企业80多个，固定资产2.5亿元，2002年完成第三产业增加值21亿元。

1.对外开放成绩显著

石岛地处亚太经济圈西环带的重要位置，是对外开放的前沿。其对外商务交往由来已久，早在民国初年，石岛港就作为自由贸易港口，接纳来自日本及东南亚各国的商船，物阜民丰、贸易发达。辖区内有国家一类对外开放港——石岛商港、石岛新港和石岛湾省级旅游度假区、石岛渔货贸易区两个省级开发区，海关、进出口检验检疫、石岛海事处、边检等口岸联检部门一应俱全，现已与56个国家和地区建立了合资合作和贸易往来关系，建起了水产品、水果、蔬菜、水貂等十大出口创汇群体，出口创汇企业达100多家。其中拥有自营进出口权企业12家，出口产品达20大类，120多个品种。自1987年第一

石岛港贸易中丰富的果蔬品种

个三资企业诞生至今，利用外资项目累计达81个，累计实际利用外资3890万美元，现已开业三资企业41家，利用外资100万美元以上的大项目有11个。

2. 名胜古迹众多

石岛山清水秀，风光旖旎。赤山法华院由韩国人张保皋建于唐代，日本高僧圆仁法师曾在此修行多年，是中、日、韩三国人民友好往来的历史见证。1993年韩国崔珉子女士投资、前任总统金泳三题字的"张保皋纪念塔"，现已成为许多韩国及日本友人的朝圣之地。此外还有始建于清代乾隆年间的凝聚石岛千百年来海文化的天后宫，有奇石峥嵘、云雾缭绕的天门潭，有万米银滩石岛湾天然海水浴场，有著名的画村牧云庵、渔村大鱼岛、花村车脚河等20多处人文自然景观及赤山山脉的"送将口""武将地""养马夼"等正在开发的40多处景点。

六、威海港

1. 港口介绍

威海港位于山东半岛东北海滨，威海湾的西北岸。属山东省威海市辖境。港区东面有刘公岛为屏障，西、北、南三个方向均有大陆环抱，东北和东南向为进出港海口。威海港水域交通方便。铁路桃村至威海线已建成通车。公路可与省内主要干线相连，西距烟台90千米，东距荣成84千米，南距文登42千米。航空有威海直达北京的定期航班。海上运输主要航线有威海至大连、秦皇岛、天津、烟台、青岛、上海、香港；国外航线可通往日本、朝鲜、韩国及东南亚各有关港口；定班客轮航线有威海至大连、韩国的仁川港，定班货轮航线有威海至香港。

2. 港口自然情况

风况：常风向西北和西北偏北，强风向为西南南、西南向，最大风速22米/秒，全年因大风影响装卸作业天数10天～20天。

降水：年均降水量793.5毫米，年最大降水量1192.7毫米（1965年），日最大降水量为370.8毫米（1965年7月6日）。

雾况：年平均雾日为16天，最多雾日发生在7月份。

气温：年平均气温12.1℃。8月份平均气温24.6℃，最高气温38.4℃（1972年6月10日）；1月份平均气温为－1.5℃，最低气温为－13.8℃（1970年1月4日）。终年不冻。

水文潮汐：潮汐为不规则半日潮，最高潮位2.9米，最低潮位－0.76米，平均潮位1.2米，平均高潮位1.9米，平均低潮位0.55米。平均潮差1.35米。

潮流：涨潮流为北偏西，平均流速0.39米/秒～0.66米/秒，落潮流为南偏东，平均流速0.51米/秒，最大可达0.87米/秒。威海港受东北向或东南向的外海波浪影响较大。

3. 港口基础设施

威海港因其特殊的地理位置，历史上曾是海防要地。威海港是省属地方中型港口，是山东省沿海重要的客货运输、水陆联运港口之一。港区水域面积为196.65万平方米，内港水域面积为20万平方米。陆域面积为13万平方米。自然岸线长度1.15千米。威海港现有泊位6

繁忙的威海港

个，其中万吨级深水泊位1个，水深11米；5000吨级泊位两个，水深7米；1000吨级泊位1个，500吨级泊位两个。过驳锚地，水深19米，面积162.65万平方米，可同时停泊2万吨级船舶两艘。进出港航道，长2500米，宽80米，水深9.5米。东西向设有浮标，码头设有导航灯标。港口仓库总面积4700多平方米，堆场总面积4万多平方米。港口拥有生产用装卸机械45台，其中起重机械14台，最大起重能力24吨（轮胎起重机）。港作船舶3艘，总吨位2070吨。其中拖轮1艘，功率为584千瓦，驳船22艘，2000多吨位。

威海港是我国沿海主要港口之一，北与辽东半岛旅顺口共扼渤海咽喉，东与韩国仁川隔海相望。

威海港港口分新老两个港区，老港区坐落在市中心，主要承担客运和滚装运输业务，新港区位于威海湾南岸，主要承担集装箱和散杂件货业务，现已建成3个万吨级以上泊位及相应配套设施。威海港可同时停靠4艘万吨级以上巨轮，展现了地区性枢纽大港的雄姿。

驶向威海港港口的游轮

1986年至2005年，威海港共完成货物吞吐量7079.4万吨。2006年，威海港港口吞吐量达到1410万吨，集装箱吞吐量达到19.2万标箱。2007年底，集团总资产达到13.74亿元，比2004年增长97.7%；吞吐量达到1730万吨，比2004年增长51%；实现经营收入2.13亿元，比2004年增长80.51%；利润总额6370万元，比2004年增长102.29%；人均利税近10万元，在全国同行业中名列前茅。

1990年威海港在全国率先开通了至仁川国际客货滚装班轮航线，架起了中韩经贸交流的海上"金桥"，使威海成为国内对韩贸易最活跃的地区之一，对推动全市乃至山东省经济发展做出了积极贡献。

继威海——仁川航线开通以后，威海港又开通了至日本国际班轮航线和环山东半岛、环渤海湾两条内支线，形成了干线与支线相互结合，相互促进的集装箱运输体系。此外，威海港还先后与美国、俄罗斯等十几个国家直接通航，为促进全市外向型经济发展做出了积极贡献。

在国内方面，威海港大力开发威海至大连滚装班轮航线，不断提高航线密度，便利的交通极大地促进了威海与东北地区的经贸往来。

今后，威海港建设目标为：新增万吨级以上泊位6个，最大靠泊能力提高到5万吨级，到2010年形成年货运吞吐能力1200万吨，集装箱吞吐能力15万TEU，旅客吞吐能力300万人次的规模。发展目标：以外贸集装箱作为发展重点，以承担中韩集装箱运输为核心，以跨海运输服务为主要内容，成为地区性集装箱中心港口，并作为青岛、大连甚至韩国釜山港的国际集装箱喂给港和支线港，以良好高效的服务系统扩展自身腹地，增强了港口的吸引力和辐射能力。

七、烟台港

1．港口介绍

烟台港地处中国东部山东半岛北侧芝罘湾内，隔海与辽东半岛相望。现有胶济铁路直达港口，烟（台）——大（连）铁路轮渡连接中国东部沿海铁路南北大通道，公路、水路、铁路运输十分发达，因此烟台港在全国综合运输中居于重要位置。

烟台港历史悠久，早在1861年即被辟为通商口岸。新中国成立后，烟台港进行了多次扩建，特别是1973年以来，根据周总理"三年改变港口面貌"的指示精神，烟台港进行了较大规模的扩建。随着改革开放和国民经济的发展，国家日益重视发展烟台港，烟台港建设工程被列为国家重点项目。其中，一、二、三期工程分别于1990年、1997年、2001年竣工投产，先后建成16个深水泊位，年设计增加通过能力955万吨。烟台港现有泊位38个，其中万吨级以上深水泊位19个，最大泊位水深16米。码头岸线总长6164米，仓库9.25万平方米，

烟台港停泊的轮船

货场约108万平方米，铁路专用线长25千米，装卸机械530余台，船舶30余艘，资产总值达31.86亿元。

烟台港腹地经济发达，尤其是外向型经济发展迅速，公路、铁路运输便利。烟台至大连旅客运输、汽车轮渡是国内沿海最繁忙的航线之一。近些年又相继进行了新客运站、三里桥汽车轮渡码头建设，适应了国家南北大通道运输的需求。烟台港对外已与世界上70多个国家和地区的100多个港口直接通航，每年有800多艘次外国籍船舶进出港口。烟台港国际班轮运输业务近年来发展迅速，现已开通近20条国际集装箱班轮航线，可承接、中转世界各地适箱货物；1996年又开通了烟台至韩国釜山、群山两条客货班轮航线，中韩国际旅客运量和集装箱运量迅速增长。同时，烟台港还是远东旅游船途经港，随着烟台市对外开放和旅游事业的发展，国际旅游船舶不断增加。2001年，烟台港完成货物吞吐量1923.4万吨，集装箱吞吐量13万TEU，旅客运量287.5万人次，营运收入4.42亿

烟台港

元。外贸货物吞吐量逐年稳步增长，外贸比重达70%左右，主要货种为化肥、水泥、粮食、金属矿石等。

烟台港为综合性大型企业，现有职工8000余人，下设20余个企事业单位，承担货物接卸、储运、加工、理货、中转代理、疏运和水陆客货运输、船舶代理、航修、港务工程、机械修理、工业生产、商业贸易、旅游服务及其他多种业务。改革开放以来，烟台港坚持实施"多层次、全功能、集团化"港口发展战略，不断完善经营机制，积极推进经济增长方式的转变，增强港口竞争能力，提高经济效益，各方面工作取得显著成绩，先后获得全国企业管理优秀奖、国家质量管理奖、全国思想政治工作优秀企业、国家卫生港、全国设备管理优

秀单位、全国交通系统两个文明建设先进单位等荣誉称号。烟台港以严格完善的管理和优质高效的服务赢得了各界客户的信赖和良好评价，其声誉及知名度在国内外日益提高。

2. 港口自然情况

烟台属于海洋性气候，四季明显，雨量较小。夏季由于受海风调剂，气候凉爽；冬季常受来自西伯利亚和蒙古高原寒流影响，多出现偏北风，并伴有雨雪。

风况：春季多西南风，夏季多东南风及西南风，秋冬两季多西南、西北风。全年以西南风最多，频率为10%；强风向为南风，瞬时最大风速为33.5米/秒，风向南、7级以上大风的平均天数为1.31天。风速超过13米/秒即影响正常生产。

气温：年均气温12.5℃。8月最高，最高曾达38℃；1月最低，最低曾至−13.1℃。

降水：全年以7月～8月降雨量最大，占当地全年降水量50%还多；年降水量约737毫米，年最大降水量965毫米；日最大降水量208毫米。

雾况：2月～7月三级以下的浓

雾较多，降雾时间一般为夜间1点至早上9点。年影响船舶航行日数3.99天（能见度小于1千米）。

湿度：年均相对湿度为64%，夏季相对湿度最大，最小值59%，春季最小，极值为零。

水文潮汐：烟台港潮汐性质属于正规半日潮。涨落潮历时基本相等，约为12时25分。历年最高潮位336米；历年最低潮位-0.8米；平均高潮位2.29米，平均低潮位0.66米；平均潮差1.64米；最大潮差2.88米，最小潮差0.33米；平均海面1.45米。

潮流：为不正规半日潮流。湾口附近涨潮流速大于落潮流速，实测最大涨潮流速0.6米/秒，最大落潮流速0.38米/秒，最大涨潮流速一般发生在高潮前2小时～3小时。最大落潮流速一般发生在高潮后3小时～4小时。

波浪：外海常浪向为北西向，频率为7.4%；强浪向为北北西向，最大波高为4米。西港池北口门处常浪向为北西向，频率为6.7%，强浪向为北东向，最大波高为2.6米。无浪频率占69.23%。

冰况：1月中旬至2月中旬，海面偶尔结冰，冰薄、时短，无碍航行。唯1935年冰冻最为严重，冰厚达61厘米。

3．发展规划

烟台港具有广阔的发展前景。为适应烟台市建设现代化国际性港口城市战略目标的需要，必须进一步加快港口建设和发展步伐。目前，烟台港总体布局规划已经国家正式批准实施，总布局分为客货区、集装箱区、散货区和远景发展区。至2020年，烟台港将共拥有泊位58个，其中深水泊位43个，年货物吞吐量将达到4500万吨以上。

第十一章 安徽省的港口
◉ ◉ ◉ ◉ ◉ ◉ ◉ ◉ ◉

一、安庆港

1. 港口位置及交通

安庆港位于安徽省安庆市，地处长江下游北岸，溯江而上164千米抵九江，顺流东下60千米抵池州；公路较为发达，北岸有通向皖北各地的主要交通干线安（庆）合（肥）公路；南岸有大（渡口）景（德镇）、大（渡口）芜（湖）公路，连接皖南山区各县及旅游胜地——九华山、黄山、庐山等地。105、206和318三条国道穿境而过；铁路四通八达，合九铁路贯穿市内五县（市），并与大京九相连，安庆每天各对开一班至北京、上海、广州、深圳的旅游列车；安庆民航已开通了多条航线，包括至上海、温州等；而且，安庆长江大桥即将通车，即将形成"三纵三横"高速公路主骨架。"三纵"是已建成的合安、合铜黄和正在建设的天津——深圳高速公路；"三横"是已经建成的高界高速公路、

安庆港货运码头

已开工建设的沿江高速公路和岳武高速公路。

2．自然条件

气象风况：常风向东北，频率30%。历年最大风速20米/秒。

降水：年平均降雨量1363毫米。年平均降雨日139天。

雾况：年平均雾日13天，最多29天，最少6天。

气温：历年平均气温16.5℃，最高气温44.7℃，最低气温−9.3℃。

水文潮汐：历年最高水位16.85米，最低水位1.67米，平均水位8.15米；最大流量92600立方米/秒，港区内洪水流速2.4米/秒，枯水流速0.85米/秒，平均流速1.3米/秒；平均含沙量0.54千克/立方米。

地质及地震：本港地质基岩为白垩系沙砾岩，地震烈度为6度。

3．经济腹地

安庆港经济腹地辐射地区极广，面积2.1万平方千米，人口629万人，矿产资源有煤、铜、铁、铝、金、银等。非金属矿石资源有大理石、石灰石、硅灰石、石英等，储量大、开发利用前景广阔。化学工业已建有年加工原油能力250万吨、尿素52万吨的石油化工厂，纺织、轻工、机械、食品等工业都具有一定规模。

主要工农业产品除满足本地需要外，还运往渝、鄂、赣、苏、沪等地。外贸物资有汽油、柴油、棉纱运往日本、中国香港。

4．历史沿革

安庆港是个百年老港，1876年"中英烟台条约"定为继航暂停港。1902年正式成立通商口岸，1917年成立招商局安庆办事处，1949年改为长江区航务局南京分局安庆办事处、中国人民轮船公司安庆办事处，1952年9月15日改为安庆港务局至今。现设有安庆地区航运局与安庆市航管处等地方航运管理机构负责地方航政、航运及港口管理。

雾气笼罩的安庆港

5.港口现状

港区陆域面积60万平方米，水域面积307万平方米，自然岸线长度13千米，泊位47个，总延长1791米，最大靠泊能力1万吨级（石化油码头）；仓库面积1.2万平方米，堆场面积3万平方米，候船室面积600平方米；装卸机械98台，其中起重机22台，最大起重能力16吨；港作拖轮6艘；职工1296人，固定资产原值2976万元；1985年货物吞吐量608万吨，其中出口273万吨；旅客吞吐量478万人次。港口吞吐货类，以石油为最大宗，共计347万吨（包含原油214万吨），其中进口215万吨（包含原油214万吨）；其次为煤炭56万吨（进口55万吨），化肥农药50万吨（出口49万吨），矿建材料47万吨（出口31万吨）。2007年港口货物吞吐量近3000万吨，集装箱吞吐量近万箱。

安庆港现有四大港区，即安庆本港区、宿松港区、华阳港区和枞阳港区，大小泊位220余个，其中180多个主要生产用泊位，10个5000吨级泊位，3个集装箱专用泊位，4处锚地。码头前沿最大起重能力40吨，

港口年设计综合通过能力3000万吨。2007年港口货物吞吐量近3000万吨，集装箱吞吐量近万箱。

二、池州港

1.港口位置及交通

池州港位于长江南岸的池州城区北郊，溯江而上60千米至安庆，顺江而下36千米至铜陵。

公路经贵池至青阳、东至等地，是皖南山区的交通枢纽。

2.自然条件

气象风况：常风向东北，频率22%，最大风速22米/秒，年平均风速3.1米/秒。

降水：年平均降雨量1463.3毫米，年平均降雨日140天。年平均降雪日11天，最大积雪厚度35厘米。

雾况：年平均雾日14天，其中持续4小时以上的天数为7天。

气温：历年平均气温16.1℃，最高气温40.6℃，最低气温-15.6℃。

水文潮汐：历年平均水位6.79米，最高水位15.32米，最低水位1.24米；最大流量92600立方米/秒，最小流量4620立方米/秒，平均流量28300立方米/秒；池州港平均含

沙量0.54千克/立方米；最大流速2.7米/秒，平均流速1米/秒。

地质：港区为冲积台地，水文地质属沿江孔隙富水亚区，属第四系全新统河流冲积层。

地震：港口近年来无强烈地震发生，最大的一次为4.5级（1918年6月）。

3. 经济腹地

池州港所在地原贵池县人口55万人，面积2510平方千米，耕地面积313平方千米，盛产粮、油、棉、麻、茶等土特产。县辖区的工业企业主要是原贵池县和原池州地区的厂矿企业，拥有煤炭、冶金、化工、建材、纺织、食品、机械、皮塑等各种工业。县内水泥、石灰石、铁、煤、大理石等储量丰富。本港进口以煤炭为大宗，主要由浦口、裕溪口等地运来；其次为石油、钢铁、化肥、杂货等，来自上海、南京、安庆、九江等地。出口货物占吞吐量的60%以上，有黄沙、金属矿石、钢铁等，运往上海、江苏、山东及本省沿江地区。

4. 历史沿革

本港历史悠久，唐代以后池口就形成了停靠木船的自然港口。解放初期设立了航管机构，修建了简易码头和候船室。1966年长航池州港建立。目前，池州港有长航池州港务局及省航池州航办处两个港口管理机构。

5. 港口现状

池州港港区范围包括长江及内河两部分，港区自然岸线长度20千米，陆域面积36万平方米，水域面积42万平方米，泊位24个，总延长1167米，最大靠泊能力3000吨级；仓库面积3760平方米，堆场面积20.4万平方米，候船室面积792平方米；港作拖轮4艘；装卸机械38台，其中起重机13台，最大起重能力16吨。港区河床南岸稳定，北岸因混沙淤积，河床有变窄趋势。

三、马鞍山港

1. 港口位置及交通

马鞍山港位于安徽省马鞍山市，地处长江下游南岸。溯江而上48千米抵芜湖，1959千米至重庆，顺流而下48千米抵南京，440千米至上海；陆路有宁铜铁路以及宁芜公路通往各地，马鞍山钢铁公司有

马鞍山港

专用铁路通往港区。马鞍山港辖区左岸自西梁山至乌江河口，全长41千米；右岸上起东梁山，下迄慈湖河口，与南京港辖区相接，全长36千米。马鞍山港有宁芜公路可通往各地，亦可通过轮渡至江北和县、巢县、无为市、合肥等地。

2．自然条件

气象风况：夏季以东风及东南风为主，冬季以东北北风及东北风为主；强风向东北，历年最大风速20.3米/秒。

降水：年平均降雨量1000毫米，年平均降雨日114天。年平均

降雪日7天。

雾况：年平均雾日6天，最长18天，多发生在冬春两季。

气温：历年平均气温16℃，最高气温41.1℃，最低气温－13℃。

水文潮汐：历年最高水位9.51米，最低水位水深0.11米，平均水位3.91米；历年长江最大流量92600立方米/秒，最小流量6020立方米/秒，平均流量28490立方米/秒；最大流速2.8米/秒，平均流速2米/秒。

地质及地震：港区属第四纪全新现代河流冲积层，上部分别为砂

质黏土层、粉砂层、粗砂层，45米以下为岩盘。地震烈度为6度。

3．经济腹地

马鞍山港经济腹地主要包括马鞍山市及其邻近地区，面积1684平方千米，人口96万人。马鞍山市有马鞍山钢铁公司、向山硫铁矿、铸管厂、发电厂等重点厂矿企业，主要产品有铁矿石、生铁、焦炭、钢、钢材、化肥、水泥等。邻近县盛产粮、油、棉，并具有一定的工业规模。

本港进口货物以铁矿石、煤炭、非金属矿石、矿建材料为大宗，主要来自省内及南京、镇江等地，出口货物有钢坯、生铁、水泥等，运往苏浙沪及本省各地。

4．历史沿革

1920年在江边建起了第一个码头——开源码头。1958年成立马鞍山市港务局，1961年改为马鞍山港务局，隶属交通部长江航务管理局。1975年省交通厅在采石建立采石码头。目前，马鞍山港有长航马鞍山港务局及马鞍山市航管处两个港口管理机构。

5．港口现状

马鞍山港现拥有固定资产2.32

马鞍山港码头货物装载

亿元，其中净资产1.79亿元。拥有10座码头、15个泊位，其中泊位最大靠泊能力为5000吨级。港口年综合通过能力300多万吨。港口自备水厂1座，日供水能力达到5000吨。全港供电总容量为3160千伏安。各类装卸、输送机械160多台，最大起重能力达到40吨，4艘港作拖轮，计1954千瓦，1艘交通船，177千瓦，4艘驳船，总计载重量2600吨，近20艘各类趸船，10多台各类运输汽车。港务局总占地面积为786000平方米，现有货场总面积26.5万平方米，可一次堆存货物100多万吨。仓库总面积为4840平方米。水域锚地3处，面积59万平方米，拥有4812平方米客运大楼一座。

四、铜陵港

1. 港口位置及交通

铜陵港位于安徽省铜陵市，地处长江下游南岸，溯江而上529千米经安庆、九江到达武汉，顺江而下570千米经芜湖、南京至上海。港口公路可通往江南各地，并有铁路专用线衔接芜（湖）铜（陵）铁路。目前，有汽车轮渡来往大江南

北，水陆交通比较便利。

2. 自然条件

气象风况：夏季多西南风，春、秋、冬季多东北风；历年最大风速24米/秒。

降水：年平均降雨量1364.4毫米。年平均降雨日数136.3天。

雾况：年平均雾日10天，一般发生在冬、春季节。

气温：年平均气温16.2℃，最高气温40.2℃，最低气温-11.9℃。

水文潮汐：年最高水位14.21米，最低水位0.68米，平均水位4.82米；最大流速1.23米/秒，最小流速0.48米/秒。

3. 经济腹地

铜陵港经济腹地，北有对江富饶的农产区，南有皖南山区和新老工矿产业，铁、铜、石灰石等矿产资源丰富，还有多种稀有金属，储量也较丰富。

铜陵是国内6大有色金属基地之一，铜陵港主要进口货物为磷矿石、黄沙、煤等，来自湖北和安徽青阳等地；主要出口货物有铁精砂、硫精砂、化肥等，主要流向江苏、省内等地。

4．历史沿革

地方港务管理机构始建于1959年，初属芜湖内河航运局管辖，1974年改称铜陵市航管处，1965年以后有短期的内河、长航、厂矿分治。1971年9月长航铜陵港务局建立，统管内河以外的港务。铜陵港于1993年1月被批准为一类开放口岸。目前，铜陵港有长航铜陵港务局及省属铜陵市航管处两个港口管理机构。

5．港口现状

铜陵港是安徽省的客货运输枢纽港。铜陵港辖区范围从梅埂到荻港，全长约60千米，水域面积47万平方米，港口由4个港区组成，分别为大通、横港、扫把沟、城关。港口有码头13座，长800米，22个泊位，港口终年可停靠3000吨级~5000吨级船舶，最大系泊能力达到5000吨级。有锚地一处。

港口有东西两水道，西为主水道，枯水期主航道宽约100米，到羊山矶处东西两水道合流，航道平均宽度约为1200米，最宽处1700米，最窄处800米，平均流速1.2米/秒，水道为南北走向，最深处31米，终年可通航5000吨级船舶。

港口仓库面积5557平方米，堆场面积为4.9万平方米。港口拥有

铜陵港码头一角

装卸机械66台，最大起重能力为30吨。港口有两艘港作拖轮，还有3座客运码头。

五、芜湖港

1. 港口介绍

芜湖港位于安徽省芜湖市，地处长江下游，芜湖港区在南岸青弋江汇入长江处，裕溪口港区在北岸裕溪河（亦名运槽河）汇入长江处，溯江而上108千米至铜陵，顺流而下33千米至马鞍山，经裕溪河可达巢湖、合肥，经青弋江可达皖南。铁路有淮南线、芜宁线、皖赣线；公路以芜湖市为中心，辐射至本省各市、县及邻省。是安徽省境内长江水路第一大港，亦是长江下游物资集散的重要港口之一。

2. 自然条件

气象风况：主风向东风，频率16%，历年最大风速可达26.4米/秒。

降水：年平均降雨量119.8毫米，年平均降雨日126天。年平均降雪日10天，最大积雪厚度35厘米。

雾况：年平均雾日16天，其中持续4小时以上的9天。

气温：年平均气温16℃，最高气温39.5℃，最低气温-13.1℃。

水文：历年最高水位10.96米，最低水位0.20米，平均水位4.45米；最大流量92600立方米/秒，最小流量4620立方米/秒；最大流速2.9米/秒；平均含沙量0.49千克/立方米。

芜湖港港口晚景

地质条件：芜湖地区的土质为砂质黏土、淤泥质黏土和砂类土。整个冲积层厚度约为40米~50米。地震基本烈度6度。

3.经济腹地

芜湖港经济腹地辽阔，既延伸到皖东南腹部山区，又有江北的无为、含山等农产区为依托。工农业生产比较发达。拥有钢铁、有色金属、机械、造纸、造船、轻纺等工业；农业生产以水稻为主，盛产竹、木、茶等。来自安徽省淮南、淮北及山西、河南、山东等省的煤炭，占全港货物吞吐量的50%，在裕溪口作业区中转后主要供应华东地区及沿江用煤。金属矿石、非金属矿石有相当一部分在芜湖港进出口。

4.历史与现状

芜湖港是一个历史悠久的老港，早在春秋时期青弋江清水镇一带就有鸠兹港，明朝中叶，码头逐渐向长江沿岸扩展。1876年芜湖辟为通商口岸，近代最早的民族航运机构招商局在芜湖设立办事处。新中国成立后，成立了芜湖招商分局，1951年该局所属码头交长江航务管理局南京分局芜湖办事处经营管理，其余码头以及青弋江市区码头由省航芜湖分局管理。1952年芜湖办事处改称长江航务管理局芜湖港务局。目前，芜湖港有芜湖港务局和芜湖航运局两个港口管理机构。

港区由长江及青弋江组成，设芜湖、裕溪口两个作业区和一个客运站。港区陆域面积85万平方米，水域面积4700万平方米，自然岸线长度24千米，码头56座，泊位57个，总延长2929米，最大靠泊能力5000吨级；仓库面积2.7万平方米，堆场面积10.8万平方米，候船室面积3431平方米，锚地面积117万平方米；铁路装卸线长度1560米；港作拖轮7艘；装卸机械144台，其中起重机28台，最大起重能力30吨。港内还有通信导航区。

第十二章　湖北省的港口

◎　◎　◎　◎　　◎　◎　◎　◎　◎　◎

一、巴东港

1. 港口介绍

巴东港位于湖北省巴东县信陵镇（城关镇），地处长江上游西陵峡与巫峡衔接的南岸，逆江而上538千米抵重庆市，顺江而下740千米达武汉市。公路沿巴（东）石（门坎）线接汉（口）渔（泉口）干线达鄂西自治州首府恩施市，是该州进出口货物的主要港口。

2. 自然条件

气温：年平均气温17.4℃。极端最高气温41℃（1981年8月6日），8月平均气温29.2℃。极端最低气温−9.4℃（1977年1月30日），1月平均气温3.1℃。

气象风况：全年平均风速2.2米/秒；全年多东南风，频率39%，最大风速19.7米/秒。

降水：年平均降雨量1117.2毫米，年平均降雨日134天。降雪初日在12月上旬，终日在翌年3月，平均降雪日17天，最大积雪厚度13厘米。本港无冰冻史。

雾况：年平均雾日12天，多发生在夏季，一般延时3小时。

水文：最高水位100.57米（1981年7月19日），最低水位60.92米（1982年2月2日），平均水位68.79米。最大流量70800立方米/秒，平均流量30000立方米/秒，最小流量10100立方米/秒。

3. 经济情况

巴东港包括恩施市、建始、宣恩及兴山县、神农架林区一部分。巴东县人口46.3万人，面积3219平方千米，盛产玉米、土豆、红薯、烟叶、油桐籽、茶叶、药材、柑橘等。境内矿藏已探明储量有煤

1.03亿吨，磷3亿吨以上，石灰石1亿吨，铁6000万吨，煤炭年开采量27.8万吨，辛家、麻沙两煤矿已投产，设计年产量60万吨。

本港出口货物以煤为大宗，其次为非金属矿石、木材、土特产品、烟叶等，进口以建材、化肥及农药为主，其余为石油、食盐和日用品。

4．港口历史与现状

巴东港一直以来就是一个自然港。1930年民生公司设办事处，开始停靠轮船，当时港内仅有自然码头7处，年吞吐量不到万吨。新中国成立后修建厂大转拐杂货作业区和浮吊码头，后又新建了王家滩杂货作业区。巴东港1953年建立航运管理站，1986年改为巴东县航务管理站，长航局在巴东设有港务局。

港区上起州石油公司码头，下至巴东县水泥厂码头，岸线长4.6千米，水域面积133.4万平方米，陆域面积184万平方米，巴东港现有仓库20085平方米，堆场面积141768平方米，31台港口装卸机械，7万平方米锚地面积。全港共有28个码头泊位，最大靠泊能力达1000吨，年综合通过能力货运为60万吨，客运人次达到95万。三峡工程建成后，原有的港口码头设施均被淹没。

二、黄石港

1．港口介绍

黄石港位于湖北省黄石市，地处长江下游南岸。溯江而上130千米达武汉港，顺水而下121千米抵九江港。港区与武（汉）黄（石）公路贯通，并与武（汉）全（家源）公路相连。汽车轮渡至江北连通柳（子港）界（子墩）公路干线，武（汉）黄（石）铁路直抵港区。

2．自然条件

气象风况：最大风速18米/秒，常风向为东风和东南风，频率18%，相应最大风速15米/秒。

降水：年平均降雨量1382.6毫米，年平均降雨日130大。年均降雪日8天，最大积雪厚度23厘米。

雾况：年平均雾日13天。

气温：年平均气温16.9℃，最高气温40.3℃，最低气温−11℃。

水文：最高水位26.39米，最低水位8.68米，平均水位17.36米；平均流速1.5米/秒。

3．经济腹地

黄石市是湖北省的重要工业城市之一，港口经济腹地包括黄石市（含原大冶县）并涉及阳新、鄂州、浠水、蕲春等地区。黄石港进口货物以黄沙、煤、石油为大宗；出口主要是钢铁、水泥、煤炭、碎石、黄沙等，运往长江沿线各港埠及浙江等地。黄冈地区的工农业生产资料及日用品也有一部分在黄石港中转。

4．港口历史与现状

黄石早在唐宋时期就形成了商业集镇，明末就有石灰批量出口。1955年成立了民船管理站，1980年组建黄石市港航管理处，现为黄石航务管理局。1957年长航在黄石建立港务局，经营长航船舶客货运输业务。

港区陆域面积39万平方米，水域面积198万平方米，自然岸线长度20千米、泊位41个，延长1779米，最大靠泊能力5000吨级；仓库面积4167平方米，堆场面积4.94万平方米，候船室面积977平方米；铁路装卸线长度420米；港作拖轮3艘；装卸机械145台，其中起重机27台，最大起重能力30吨。随着改革开放的不断深入以及港口融入黄石市的大交通格局之中，黄石港正加大对外开放、招商引资和建设发展的力度。

三、荆州港

1．港口介绍

荆州港位于湖北省沙市，地处长江中游北岸，距吴淞口1521千米。溯江而上808千米经宜昌港抵重庆，顺流而下478千米达武汉港，港口北邻荆州古城。水路由雷家档经内荆河水系连通江陵、荆门、潜江、监利等市县，经长江南岸太平口入虎渡河连接湘、资、沅、澧四大水系；公路有汉（口）沙（市）、襄（阳）沙（市）、沙（市）洪（湖）、沙（市）常（德）、沙（市）岳（阳）等干线。

2．自然条件

气象风况：最大风速24米/秒，常年多北风，频率18%。

降水：年平均降雨量1114.6毫米，年均降雨日126天。年均降雪日10天，最大积雪厚度21厘米。

雾况：冬季多雾，年平均雾日38天，一般延续3小时左右。

气温：平均气温16.1℃，最高气温28.6℃，最低气温－14.9℃。

水文：荆州港区最高水位44.67米，最低水位31.21米，平均水位36.86米。最大流速2.77米／秒，最小流速0.59米／秒，平均流速1.38米／秒。内荆河港区受长江水位影响，最高水位33.11米，最低水位28.39米，平均水位30.27米。

3．经济腹地

荆州港经济腹地主要包括沙市和荆州地区部分县与荆门市。沙市市区面积160.2平方千米，工矿企业主要产品有棉纱、布匹、机床、钢材、化肥、农药、洗衣机、电冰箱、电子工业品等，荆州地区各县及荆门市盛产粮、棉、油，并有一定的工业规模，是沙市轻纺工业的主要原料基地。

荆州港进口货物以矿建材料、煤炭为大宗，出口货物不足吞吐量的16%，有钢铁、粮棉、轻纺、轻化产品等，运往中南、西南、华东及本省各地。

4．港口历史与现状

荆州港在公元前5世纪即有官

迷人的荆州

船码头，在唐代成为重要港口。1951年港口成立搬运公司，后几经变革，现为集体所有制的沙市装卸运输公司。1952中长航局设立沙市港务局，负责长航船舶客货运输业务。1976年以前，港口分别由装卸企业、物资部门及沙市港务局自行经营管理。1979年沙市港始建港口货物管理站，1980年与民间运输管理站合并，成立沙市港航管理处（1985年改称为沙市航务管理处），对地方及物资部门的码头进行统一管理和规划建设。

荆州港经过数十年的发展建设，港口规模已经位居湖北省第三位。拥有自然岸线长度21.5千米，码头总长5.83千米，104个泊位，共有173658平方米的仓库面积，406044平方米的堆场面积，306台港口装卸机械，最大起重能力45吨，具备集装箱装卸疏运能力，港口年通过能力823万吨，客运人次达到131万，2000年荆州港吞吐量达327万吨。

荆州港是国家二类水运开放口岸，自1997年被湖北省政府批准对外开放以来，外贸货物吞吐量逐年递增，集装箱吞吐量从1995年的仅66箱发展到2003年的时候已经达到10000箱，在长江上游仅次于武汉和重庆，外贸货物吞吐量可达10万吨。荆州港正在对盐卡口岸进行规划、整治，力争提升为一类口岸。

四、武汉港

1．港口介绍

武汉港位于长江中下游的武汉市，汉江在此汇入长江，从武汉溯长江西上1278千米至重庆，顺流至上海1102千米，沿汉江而上532千米抵襄阳市，再上去经丹江口库区通往陕西。铁路有京广线、武黄（石）线、汉丹（江口）线，并通过或有支线连通汉阳、江岸、青山、舵落口、徐家棚、鲇鱼套港区。公路以武汉为中心向四方辐射，连通本省各市、县及邻省。

2．自然条件

气象风况：最大风速27.9米/秒，常风向东北北，频率14%。

降水：年平均降雨量1204.5毫米，平均年降雨日125天。年平均降雪日8天，最大积雪厚度32厘米。

雾况：主要发生在春、冬两季，年均雾日33天，平均延时1.1小时。

气温：年平均气温15.5℃，最高气温41.3℃，最低气温为−17.3℃。

水文潮汐：长江港区（武汉关）：最高水位29.73米，最低水位10.08米，平均水位19.01米；最大流量76100立方米/秒，最小流量4830立方米/秒，平均流量22025立方米/秒；最大流速3.06米/秒。

汉江港区（慈惠墩）：最高水位30.19米，最低水位15.40米，平均水位20.41米；最大流量7960立方米/秒，最小流量137立方米/秒；最大流速5.55米/秒。

3．经济腹地

武汉港经济腹地辽阔，包括湖北和周围各省以及长江上下游地区。钟祥的磷矿石，应城的石膏、岩盐、江汉油田等闻名全国。湖北四周山区的矿产、木材、土特产，多数在武汉集散。武汉港不仅承担华北、华中、华东和西南的煤炭、钢铁、矿产、粮食的进口和中转，而且还担负着通往亚洲的袋粮、土特产及轻纺产品的进出口外贸，是我国华中地区水陆联运的心脏。

武汉港

武汉市主要工业产品有钢、生铁、钢材、水泥、棉纺。本港进出口货物以矿建材料、煤炭、矿石、钢材、木材为大宗，多数本市自销，部分煤炭、木材转运省内及华东地区。

4. 历史与现状

早在三国时期，武昌鲇鱼套一带的南市，即为船舶集中港口，明末清初汉口是全国四大名镇之一。新中国成立后，原交通部成立武汉港务局。1955年设立码头管理机构，管理部属港区以外的码头，1958年正式成立"武汉市码头管理所"，1982年，又与省市航运管理站、港监所、船舶交易所合并，成立省航运管理局武汉市分局。1985年改名为武汉市航务管理处，继续负责港务管理工作。武汉港务集团前身是武汉港务管理局。2005年6月，由三家集团公司重新注资组建新的集团公司。

作业区共13个分布在长江及汉江两岸。港区自然岸线长89千米，陆域面积1961万平方米，水域面积4337万平方米，码头泊位250个，总延长14000米，最大靠

泊能力5000吨级；仓库面积8.83万平方米，堆场面积75.6万平方米，候船室面积1667平方米；铁路专用线总延长32.5千米；港作船83艘；装卸机械1398台，其中起重机226台，最大起重能力50吨；职工人数1.6万人，固定资产原值2.83亿元。1985年货物吞吐量2242万吨，其中出口861万吨，旅客吞吐量634万人次。典型码头为钢质趸船浮码头，墩柱直立式及简易斜坡式。自然条件对港区的装卸作业及船舶航行有一定的影响。每年汛期货物堆场常被淹没（约三五年一个周期），时间长达1个月，部分作业区泥沙淤积严重。汉江平均每年因洪水（流速3米/秒以上）封航约19天。

五、武穴港

1. 港口介绍

武穴港位于湖北省广济县，地处长江下游北岸。西距武汉市219千米，东下48千米可达九江市。有来自汉中、汉宁、汉寻等地的大小客轮在武穴停靠。公路北上37.5千米与柳界干线相衔接。

2．自然条件

气象风况：全年多偏东风，频率12%，最大风速达20米/秒。

降水：年平均降雨量1408.7毫米，平均降雨日147天。最大积雪厚度29厘米。

雾况：年平均雾日11天，最多24天，最少3天，雾日延时一般在4小时内。

气温：年平均气温16.8℃，最高气温39.8℃，最低气温为−13.8℃。

水文潮汐：武穴港年平均水位14.42米，最高水位23.14米，最低水位7.95米。武穴水道中水期平均流速一般可达1.33米/秒，最大流速为1.9米/秒，洪水期平均流速为2.4米/秒，最大流速为3.4米/秒。

3．经济状况

武穴港出口矿建材料占总吞吐量一半以上，主要销往武汉、上海等地，进口则以煤炭、化肥、轻工业产品为主。

4．历史与现状

武穴港开港于16世纪末。1876年中英《烟台条约》签订后，外商在此设置码头，曾成为邻近三省七县的物资集散地之一。1953年在武穴成立广济民船管理站，1980年改为县港航管理站，1975年成立县码头管理所，后合并为县航务管理站。长航在武穴设有港务站，后又改设港务局。

港区陆域面积280万平方米，水域面积705万平方米，港区自然岸线长47千米，现有田镇、盘塘、武穴、龙坪4个港区，17个作业区，57个码头泊位，年吞吐量达到300万吨以上，货物可通过京九铁路和沪蓉高速公路融入全国交通大网络。

武穴港是湖北省19个重要港口之一，最大靠泊能力达到5000吨级。该码头计划还要建设两个3000吨级件杂货泊位，设计吞吐量70万吨/年，估算投资1.5亿元。

六、宜昌港

1．港口介绍

宜昌港地处长江中上游的西陵峡口，素有川鄂咽喉之称。逆江西上652千米抵重庆，顺江东下1728千米抵上海。汉（口）宜（昌）、宜（昌）保（康）、宜（昌）兴（山）等公路连接经济腹地，鸦官铁路衔焦柳干线，水陆交通便利，宜昌港是长江中上游物资集散的重要港口。

2．自然条件

气象风况：常风向东南，频率14%。最大风速20米/秒。

降水：年平均降雨量1164.1毫米，平均年降雨日137天。年平均降雪日7天，最大积雪厚度20厘米。

雾况：年平均雾日23天，最多31天，持续4小时以上的雾日年平均7天。

气温：年平均气温16.8℃，最高气温41.4℃，最低气温−9.8℃。

水文：年最高水位55.92米，最低水位38.67米，平均水位44.33米；年最大流量70800立方米/秒，最小流量2770立方米/秒，平均流量11400立方米/秒；最大流速可达466米/秒，最小流速0.12米/秒。

3．经济条件

宜昌本港以宜昌市为依托，经济腹地遍及宜昌地区和川东、鄂西自治州、襄阳市以及荆州地区的部分县。宜昌市面积330平方千米（市区44平方千米），耕地面积0.27万公顷。

宜昌港

宜昌港进口货物77%为矿建材料，均来自邻县和本地区；此外还有煤炭、石油、钢材、磷矿、日用工业品及粮食等。出口有钢铁、机械产品、化肥、农药、日用工业品等。

4．港口发展历史与现状

1876年，宜昌港被辟为通商口岸，设立海关。1953年年初设宜昌民船运输管理处，后经多次变革，现为宜昌市航务管理处，是地方政府的派出机构，下设王家河、大公桥、夜明珠航务管理站，负责执行对宜昌港航运、航政、航道及港口的统一管理任务。长航在宜昌设作业区，由宜昌港务局自行管理。

港区自然岸线长30千米，陆域面积75万平方米，水域面积2168万平方米，码头泊位74个，总延长3652米，最大靠泊能力1500吨级；仓库面积1.67万平方米，堆场面积11.3万平方米，候船室面积392平方米；装卸机械194台，其中起重机21台，最大起重能力40吨。

七、枝城港

1．港口介绍

枝城港位于湖北省宜都县枝城镇，地处长江中游南岸，沿江而上704千米抵重庆港，下行569千米达武汉港。焦柳铁路纵贯港区，北经枝城至焦作707千米，南距柳州843千米。公路与湖南的长沙、常德及本省的各地市相通。

2．自然条件

气象风况：以秋冬东北偏北风最强，风速最大18米/秒，夏季多东南风，频率13%。

降水：年均降雨量1253.6毫米，年均降雨日104天。年均降雪日9天，最大积雪厚度23厘米。

雾况：年平均雾日31天，持续4小时以上的雾日年均3.5天。

气温：年平均气温16.7℃，最高气温40.8℃，最低气温为-13.8℃。

水文：年最高水位50.74米，最低水位37.01米，平均水位41.69米；平均流量13350立方米/秒，最大流量62700立方米/秒，最小流量3290立方米/秒；洪汛时流速可达3米/秒。

3．经济状况

枝城港口属于宜都市，枝城港除承担产地原煤出口外，主要分流山西、陕西、豫西、云南、贵州等地的煤炭至华东、湖南及湖北省各地；湖北省长阳、石峰、宜都、松滋及湖南石门等县年产重晶石30万吨，约40%经枝城港中转南通、上海等港转口国外。此外湖北省的化肥、轻纺，鄂西南的土产、竹木，邻近省、地的磷矿等，有相当数量的物资经枝城港转口流向全国各地。

4. 港口发展历史与现状

1952年枝城港建立民船管理站，后改为枝城航务分站，负责港口管理及规划建设。1966年成立长航枝城港务局，经营长航船舶客货运输业务，枝城港由地方与直属两部分构成。

港区陆域面积79万平方米，水域面积1192万平方米，自然岸线长8.9千米，地方作业区主要分布在枝城长江大桥上游，长航枝城港主要作业区则集中在大桥下游，泊位23个，总延长2312米，最大靠泊能力2000吨级；铁路装卸线长度762米；港作拖轮2艘；装卸机械125台，其中起重机11台，最大起重能力16吨；仓库面积4923平方米，堆场面积11.4万平方米，候船室面积168平方米；2003年货物吞吐量800万吨，旅客吞吐量120万人次。

第十三章 湖南省的港口

◉ ◉ ◉ ◉　　◉ ◉ ◉ ◉ ◉ ◉

城陵矶港

1. 港口介绍

城陵矶港位于湖南省岳阳市区的北端，地处长江中游南岸，洞庭湖的出口处。距武汉市232千米，距沙市323千米，南上经湘江168千米到达省会长沙。港区有铁路与京广铁路相连接，公路与107国道相连，是水陆中转和水水中转的物资集散地，是湖南对外贸易的北大门。

2. 自然条件

气象风况：年平均风速7.8米/秒；常风向与强风向一致，均为东北北，频率21.6%，最大风速28米/秒。

降水：年平均降雨量1291.9毫米。降雨集中在4月～6月。年平均降雪日11天，最大积雪厚度23厘米。

雾况：年平均雾日为17天，最多29天，最少7天，一般发生在冬春季节。

气温：年平均气温16.9℃，最高气温39.3℃，最低气温-11.3℃。

水文：最高水位32.52米（黄海基面），最低水位15.24米，平均水位22.33米；最大流量57900立方米/秒，最小流量377立方米/秒，平均流量9940立方米/秒；最大流速2.6米/秒。

地质条件：港区河床系4米～5米厚的砂卵石层覆盖。国家核定地震基本烈度为7度～8度。

3. 经济状况

城陵矶港经济腹地包括湘、黔、云、贵以及广西、山西各省。是长江中游水陆联运和干支中转的枢纽。每年经本港中转的货物达400多万吨。主要货种是石油、煤

炭、磷矿、锰矿、钢铁、粮食。通过本港中转到上海、江苏、九江以及本省的株洲、广东的韶关等地。

4.港口发展历史与现状

城陵矶港在宋朝（约公元960年）就设有巡检司，至清朝已成为过往船舶的一道关口。1952年，湖南省内河航运管理局在城陵矶设立航务管理站，1956年长航在城陵矶修建了专用码头，1958年鄂航在城陵矶设立客运站。1965年10月"三航"合一航，由长航实行统一管理。1966年成立城陵矶港务局，

1985年1月下放湖南省管理。

港区自然岸线长22千米，陆域面积269万平方米，水域面积405万平方米，泊位46个，总延长633米，最大靠泊能力3300吨级；仓库面积1.14万平方米，堆场面积8.58万平方米，候船室面积267平方米；铁路专用线28千米；装卸机械79台，其中起重机械13台，最大起重能力30吨；2003年货物吞吐量1200万吨（其中出口650万吨），旅客吞吐量190万人次。

城陵矶港

第十四章　江苏省的港口

一、泰州港

1. 港口介绍

泰州港位于泰兴市口岸镇，地处长江下游北岸泰兴市境内西北隅，长江与南官河交会处，溯江而上145千米到南京，顺流而下217千米至吴淞口。隔江与扬中相望，背倚泰州市，两地相距25千米。本港近海、面江、靠河，外通海洋，内连长江沿线六省一市，南官河纵向经泰州贯穿里下河地区十多个县市，与苏北灌溉总渠相连。并在泰州与通扬运河相交，经港区上游的三江营入京杭运河老河口，北通徐淮和皖北，隔江与苏南、上海、浙江等地均有水路相连。港口有公路至口岸与江平公路相连，西至扬州与宁扬一级公路衔接；东由靖江八坪汽渡与沪宁各大城市相通，北循口泰与宁通公路相会。

2. 自然条件

气象风况：冬春两季风力较小，一般3级~4级；夏秋两季受台风影响，常有5级~6级风，偶有7级~8级风，8级以上大风较少。年平均降雨量1000毫米，年均降雨日80天~100天，集中降雨季节为6月~9月。年均雾日30天~40天。年平均气温14.9℃。

水文：最大波高1.5米，最大潮差2.5米，枯水航道-10米的深槽宽度在1.5千米左右。

3. 经济腹地

泰州港经济腹地有苏北、扬、盐、淮、通地区的17个县市，总面积2.7万平方千米。是我国著名的粮食产地之一，并拥有丰富的石油和天然气资源。港口中转货物有黄沙、煤炭、磷矿、铁矿、粮食、钢材、木材和杂货等。

4. 港口发展历史与现状

泰州港于1903年开埠建点，迄今已有100多年历史，是长江下游苏北境内仅有的两个老港口之一。泰州港包括泰州港务管理局和泰兴市港务处。分别所属泰州港区及口岸港区。港区陆域面积15万平方米，自然岸线长4.3千米，客货码头18座，泊位31个，总延长1479米，最大靠泊能力2000吨级；仓库面积2753平方米，堆场面积4.13万平方米，锚地面积206万平方米；装卸机械84台，有16吨轮胎吊、5吨桥式起重机、10吨门机和5吨浮吊，最大起重能力16吨。

二、江阴港

1. 港口介绍

江阴港地处长江下游南岸江阴市境内，东距上海188千米，西南离常州、无锡均为40千米，北与靖江隔江相望。水路有锡澄运河沟通长江、太湖和京杭运河，客运有上海——高港、上海——南京、上海——汉口3条客班轮航线停靠，

江阴港码头

由江阴港可直达长江中下游各港；陆路有3条二级公路直通沪、宁、苏、锡、常，并与沪宁铁路相接。本港由江阴港务管理局所属长江港区和江阴市港务管理处所属内河港区两部分组成，后者分布在锡澄运河及支流小河上。

2. 自然条件

气象风况：年平均风速为4.4米/秒，最大风速20米/秒，每年7月~9月为台风季节，风力最大为9级~10级。

降水：年平均降雨量1021.2毫米，平均降雨日124天。年均降雪日6.9天。

雾况：年平均雾日30天。

气温：年平均气温15.2℃，最高气温为38℃，最低气温为-14.2℃。

水文潮汐：7月~9月为洪水期，12月到次年2月为枯水期。长江港区最高水位6.75米，最低水位0.86米，平均水位3.78米。最大潮差3.15米，最小潮差0米，年平均潮位1.64米；支流内河港区最高水位4.87米，最低水位2.15米，平均水位3.10米；长江洪水流速2.5米/秒，枯水流速2.5米/秒。

地震：地震烈度为7度。

3. 经济条件

江阴港的经济腹地，主要集中在苏、锡、常地区14个市县，主要工业产品有纺织、机械、化工、电子、服装等。当地能源和原材料紧缺，大量物资需在江阴港中转。

4. 港口发展历史与现状

江阴港在原开滦煤矿1930年开辟的简易码头基础上，于1955年年底由上海轮船公司改建为长航江阴营业站。1958年下放江苏省交通厅管辖，1962年定名江阴港务局，1965年划归长航上海分公司领导，1984年再次下放、隶属江苏省交通厅领导，改名为江苏省江阴港务管理局。1963年3月建立港务管理处。

江阴港经过多年的持续快速发展，逐步形成了功能互补的五大港区，分别为以集装箱、钢材等件杂货、港口物流为主的公共型新港区；黄田港港区；以化工储运为主的石庄港区；以大宗散货和精细化工为主的利港港区和以成品油中转集散为主的长山港区。至2007年，江阴港长江沿线建成85个千吨级以上泊位，其中41个万吨级以上

泊位，27个对外开放泊位，最大靠泊能力5万吨级，拥有3处海轮、江轮、联检等锚地，开通31条内外贸航线，港口货物吞吐量超7000万吨，外贸吞吐量超1000万吨，集装箱吞吐量超30万标箱，位居全国内河港口第五位。

三、张家港港

1. 港口介绍

张家港位于长江下游南岸，处在江苏省江阴与张家港两市交界处的张家港市境内，东距上海吴淞口144千米，西离南京222千米，北峙福姜沙为天然屏障，南以苏、锡、常3市及所属12市县城镇群体作依托。

2. 港口自然情况

风况：常年风向东南南及东南东，强风向东南东及东南，年平均风速3.8米/秒，最大风速20米/秒，强风影响作业年平均为8.4天。

降水：年平均降水量1000毫米左右，雨水集中在4月～9月，7月份降水最多、约占全年降水量的15%。

雾况：年平均雾日28.7天，但雾气较淡，持续时间较短，一般在上午9时消失。

气温：年平均气温15.2℃，最高气温38℃，最低气温14.2℃。港口地处温带，冬季无冰冻。

水文潮汐：张家港属不规则半日潮，最高潮位6.69米，最低潮位0.74米，平均潮差3.19米。

潮流：流态为往复流，但在洪

张家港港

水季节有时为单向流,流向均与岸线走向基本一致,无回流等现象。大潮平均流速0.32米/秒,落潮平均流速0.48米/秒。

3.港口基础设施

张家港港历年海运吞吐量较大,是一个水运中转以海运与内河联运为主的港口。港口的外贸吞吐量比重占1/3。国际集装箱吞吐量居全国第六位,在长江港口中名列第一,同时肩负着中转长江中上游物资运输任务。港口范围西起大河港,东至老沙头,长14千米,宽约1200米。水域面积为16.8平方千米,可利用岸线长5.5千米,陆域总面积为296万平方米。港务局下属有三个装卸公司,基本集中在巫山港至张家港一段范围内。西边为集装箱公司,中间为港埠公司,东部为东港装卸公司。港口目前有万吨级泊位5个,5000吨级泊位两个。目前,港口正在新建5个深水泊位和开挖内河港池。5个泊位分别为煤炭专用泊位、散杂货泊位、集装箱专用泊位、木材泊位和杂货泊位。外轮引航锚地利用宝山锚地;联检锚地在30号灯浮与30号乙

灯浮连线以北水域,长3350米,宽550米;水上作业锚地位于港区对岸,已经设置系泊和作业浮筒12只,可供同时停泊万吨级轮10艘。锚泊和系泊的最大船舶为3万吨级。海轮进出张家港港的航道为福南水道,呈东西向,航道内设置福南1~14号灯浮,进出口水深长期以来保持在10米以上,3万吨级以下船舶昼夜均可通航。港口现有库场面积近2万平方米,堆场面积12万平方米。全港机械设备现有276台,单机最大起重能力40吨。

4.港口位置及交通

港口后枕京沪铁路,与无锡站建立了联运,沟通了铁路中转业务渠道。江苏省在港区兴建铁路已有规划。港口与苏南地区公路相通,澄扬公路拓宽40米~60米后,公路运输更为通畅。距港口57千米的无锡与常州,分别建有硕放机场和奔牛机场。空中运输便捷。水路溯江而上,可与皖、赣、湘、鄂、川沿江各港相通;顺流而下东出大海,可与我国南北沿海及世界各港通航;北经通扬运河连接苏北各地;南经京杭运河及太湖水系,

贯通苏南，并与上海和浙江的杭、嘉、湖地区相连。开港以来已与世界上40多个国家和地区的港口有货运往来。

四、连云港港

1. 港口介绍

连云港港位于中国沿海中部的海州湾西南岸、江苏省的东北端。港口北倚长6千米的东西连岛，南靠巍峨的云台山，为横贯中国东西的铁路大动脉——陇海、兰新铁路的东部终点港，被誉为新亚欧大陆桥东桥头堡，亚欧间重要的水陆中转港，也被称作新丝绸之路的东端起点，是中国中西部地区最便捷、经济的出海口。

连云港港目前拥有35个包括集装箱、散粮、件杂货、煤炭、焦炭、矿石、氧化铝、液体化工、客滚在内的各类码头泊位，其中30个万吨级以上泊位；与160多个国家和地区的港口建立了通航关系，辟有40多条至欧洲、美洲、中东、东北亚、东南亚等集装箱和货运班轮航线，并开通了至韩国仁川、平泽两条大型客箱班轮航线。

随着经济的发展，连云港的集装箱运量占据江苏省首位，跨入全国前十、世界百强，多次跃上中国最具竞争力十大港口排行榜。连云港港奉行"客户至上，质量第一"的服务宗旨，树立"一切为客户着想"的经营理念，以高效、优质、优惠的装卸运输竭诚服务客户，多次荣膺中国海运船港星光榜服务五星级港口。

根据实际规划，连云港港将形成一个"一体两翼"总体格局，主要由海湾内的连云主体港区、南翼的徐圩和灌河港区、北翼的赣榆和前三岛港区共同组成。根据腹地国民经济与社会发展规划，综合分析影响港口吞吐量发展的各种相关因素，预计连云港2010及2020年吞吐量将达到1.2亿吨和1.9亿吨，其中集装箱吞吐量达340万TEU和800万TEU。

港口区位优势显著。连云港港位于太平洋西海岸、中国黄海之滨，陆路西距徐州223千米、乌鲁木齐3626千米；海路距青岛港187千米、大连港627.9千米、天津港890.9千米、上海港626千米。距日

连云港码头风景

本长崎998千米、大阪1528千米，距韩国木浦657千米、仁川709千米、釜山94千米，距香港2059千米。海、陆、空立体交通网络已经形成，海上辟有国际集装箱远洋干线、近洋航线、国内干线、支线10余条，每月航班100余次，可直达和中转到世界大部分国家和地区；陆上起始于港口的陇海、兰新铁路横贯中国大陆东、中、西，国家正在建设的纵贯南北的沿海铁路以及横穿东西、纵贯南北的连霍、同三两条高等级公路在连云港打了一个大大的"中国结"，铁路和公路"两纵两横"主骨架的结点使连云港作为海陆空交通枢纽的重要地位更加凸显。连云港已经成为中国中西部地区乃至中亚诸国最便捷、最经济的进出海口岸。

2. 港口自然情况

气象风况：常风向偏东，强风向偏北。大风除年均一次台风影响外，一般出现在冬季，最大风速为28米/秒。

降水：年平均降水量852.8毫米。每年6月～9月为雨季，占全年降水量60%以上，最大日降水量156毫米。

雾况：年平均雾日18天，年平均能见度小于1000米。一般雾日持续时间2小时。

气温：年平均气温14.2℃，最高气温38.5℃，最低气温－10.4℃。终年不封冻。

水文潮汐：海峡内属不规则半日潮。最高潮位6.50米，最低潮位0.45米；最大潮差6.48米，最小潮差3.39米。

潮流：海峡内呈东西往复流，平均流速0.2米/秒。

3.港口基础设施

连云港港地处亚欧大陆桥的东端，是我国西北、中原地区最经济便捷的出海口，目前已成为初具规模、散杂货并重、以外贸为主的综合性港口。连云港港水域为东西连岛和大陆云台山之间的海峡，总面积29.7平方千米。港口陆域面积2.1平方千米，其中填海造陆1.4平方千米。全港由老港区、庙岭港区和灌河口区组成。老港区东起东防波堤，西至西潜堤，为散杂货作业区。水域面积1平方千米，自然岸线长1200米，码头生产岸线1911米，年设计吞吐能力2180万吨，装卸货物达30个种类150多个品种，与世界上120多个国家和地区的600个港口有贸易运输往来。码头岸线长476米，1.6万吨级和3.5万吨级泊位各大中贸易枢纽海西大堤的建成，使港口水域面积达30平方千米，港口最终将形成五大港区，年设计能力达6000万吨以上。连云港港口码头岸线20多千米，陆域1100多万平方米，最终可建成近100个泊位。

4.港口发展目标

连云港港积极参与支持中西部

连云港港

地区的经济建设，港口服务正进一步向着全方位、多功能、高效率的方向发展。力争使中西部地区在连云港港真正感受到实实在在的价格经济、时间快捷、手续简便、效果满意。

作为新亚欧大陆桥的东桥头堡，连云港港的发展与陆桥运输紧密相连。东起中国连云港、西至荷兰鹿特丹的新亚欧大陆桥，比西伯利亚陆桥运距缩短2000千米，途经7个国家，辐射30多个国家和地区。自1992年正式开通以来，连云港港承担了整个陆桥90%以上的国际过境箱量，其中1997年完成30016标准箱，首次超过西伯利亚陆桥运营量。截至2002年年底，已累计完成过境箱量10万标准箱。韩国是利用新陆桥的主要国家，日本、美国、东南亚以及中亚等14个

连云港岸边的巨轮

国家和地区参与了陆桥的国际国境运输。与陆桥运输相配套的连云港港集装箱码头拥有年设计能力为20万标准箱的专用泊位两个，另有国内最大的拆装箱库，生产全部采用计算机系统管理。2000年6月21日，由连云港港务局和中国海运集团共同出资组建的连云港港新东方集装箱码头有限公司正式成立，连云港港集装箱码头运作方式进入了优势互补、港航共赢的新时代。几年前，连云港港已开始着手第五代集装箱码头建设工作，拟建设可靠泊第五代集装箱船舶的泊位两个，这能使港口集装箱吞吐能力达50万标准箱，甚至逾100万标准箱，以适应国际海运船舶大型化、货物运输集装箱化的发展趋势。

把握机遇应对挑战。近年来，连云港港围绕"改革增效、强港富民"的总体发展思路，分块搞活，整体联动，港口保持了超常规、跳跃式发展，1999年和2001年连跨2000万吨、3000万吨两个台阶，呈现出提速发展的强劲势头。港口跃上第一个一千万吨台阶用了55年，攀上第二个一千万吨台阶用了

连云港集装箱码头

11年，冲上第三个一千万吨台阶只用了2年，2002年完成货物吞吐量3316万吨、集装箱运量20万标准箱，引起了社会各方面的广泛关注。为抢抓西部大开发战略和加入世贸组织的历史机遇，将抓紧实施深水港计划，7万吨级航道已经建成，10万吨级码头、第四代兼第五代集装箱码头正在加紧建设中，以适应国际航运船舶大型化的趋势。他们积极扩大招商引资工作，真诚欢迎海内外有识之士一起携手连云港港，加快港口建设、完善港口功能，壮大临港工业、加速产业多元化进程，实现双赢、共赢。

展望未来，按照原交通部和江苏省人民政府批准的《连云港港总体规划》，到2020年，连云港港将建成泊位总数73个；到21世纪中叶，将形成老港区、庙岭港区、墟沟港区、北港区等五大港区，建成吞吐能力达亿吨的大港。可以预见，伴随着中国加入WTO、西部大开发战略的实施，中西部地区经济的振兴和新亚欧大陆桥国际运输的发展，连云港港作为中西部地区乃至中亚诸国最便捷的进出海口岸和新亚欧大陆桥的东桥头堡，必将在国际国内贸易运输事业中发挥越来越重要的作用。

五、南京港

1. 港口介绍

南京市是华东地区水、陆、空交通枢纽。长江由西向东横贯境内近百千米，秦淮河由武定门入城，经中华门、汉中门、草场门、三汊河注入长江。港区分布于长江及秦淮河两岸。

沪宁、宁芜、津浦三条铁路与

全国各省相通，公路可直通上海、杭州、芜湖、合肥、徐州、淮阴、扬州等地，水路溯长江而上，可通华中、西南诸省，东行入海可与国内沿海城市及国外港口相通，航空有16条航线通往国内各主要城市。

2．自然条件

气象风况：常风向为东北，年平均风速2.6米/秒，强风向为西北，最大风速25米/秒，瞬时极大风速39.9米/秒；年平均降雨量1038.7毫米，平均降雨日117天；年平均降雪日9天，最大积雪厚度51厘米；年平均雾日35天；年平均气温15.4℃，最高气温43℃，最低气温－14℃。

水文潮汐：年最高水位10.22米，最低水位1.54米，平均水位5.31米（吴淞零点为基准）；枯水期平均潮差0.7米～0.9米，洪水期平均潮差0.3米～0.5米，最大潮差1.56米，最小潮差0.1米。

3．经济腹地

南京市是发展较快的港口工业城市，有6个城区、4个郊区、5个县，总面积6516平方千米。南京市主要产品有水泥、汽车、机床、内燃机、电视机及纱、布等。港口吞吐货物以石油、煤炭为最大宗，原油来自胜利、任丘、中原三大油田，经鲁宁管道由中国远洋运输集团六公司中转至中下游各炼油厂和浙、粤各省，并有海进江的大庆原油由中国远洋运输集团五公司中转。煤炭来自晋、鲁、淮北、苏等地煤矿，经津浦线从浦口中国远洋运输集团三公司中转至沿江六省一市和浙、闽沿海。

4．港口发展历史与现状

南京港于1899年开港。1950年成立市搬运公司，1952年成立南京港务局，1972年成立南京市港务管理处。1986年被批准对外国籍船舶开放。

本港由原交通部长航局南京港和南京市港组成。港区自然岸线长186千米，陆域面积19万平方米，水域面积22000万平方米；码头总延长10833米，泊位241个，万吨级以上泊位9个，最大靠泊能力2.4万吨级；仓库面积4.34万平方米，堆场面积27.6万平方米，客运候船室面积660平方米；铁路专用线长221千米；港作船76艘；装卸机械618

台，其中起重机械180台，最大起重能力63吨；进出口货物，以原油为主的石油（75%为出口）占总吞吐量的53%，煤炭（83%为出口）占总吞吐量的20%，其余为矿建材料、金属矿石、钢铁、非金属矿石、木材、水泥、粮食、杂货。

南京港又是一个新兴的现代化港口。特别是改革开放以来，南京港获得了突飞猛进的发展：1978年油港开业，南京港成为我国内河最大油港；1984年新生圩外贸港区建成，南京港成为我国内河最大的外贸港口；1987年中美合资的南京国际集装箱装卸有限公司成立，南京港成为我国内河专业化程度最高的集装箱港口；1990年南京港惠宁码头有限公司成立，南京港成为我国内河最先进的专业化散货装卸港口；2002年年底商品汽车滚装泊位正式投入使用，南京港又成为长江上唯一一个拥有专业化滚装泊位的港口；2004年3月底，龙潭集装箱港区试投产，新增52万标准集装箱吞吐能力。南京港在内河港口的地位更加显赫。

改革开放以来通过南京港人的不懈努力，港口的功能不断拓宽，船货代理、外轮理货、江海水运、港机制造、港务工程、车船修理、广告音像、房地产开发、港区加工等多元产业的格局已经形成。

六、南通港

1. 港口介绍

本港地处长江下游北岸，是通吕、通扬运河的交会点。经水路南抵上海，倚连京沪、沪杭铁路，溯江而上，可以直达南京、皖、赣、鄂、湘、川等省市，经港内运河可与京杭运河贯通。1982年11月被批准对外国籍船舶开放，1983年以来，已直接和日本、美国、俄罗斯、菲律宾、马来西亚、澳大利亚等20多个国家和中国香港地区的30多个港口通航。至1995年年底，南通港有陆域面积0.42平方千米，水域面积（包括锚地）6.11平方千米；生产泊位24个，总延长3193.4米，最大靠泊能力2.5万吨级；库场面积24.5万平方米；装卸机械286台套。1995年南通港完成货物吞吐量1609.6万吨。其中本港吞吐量1038.2万吨，外贸276.4万吨；

集装箱吞吐量87179TEU；旅客吞吐量541.8万人次。大宗货物中煤炭占39.1%、金属矿石占25.8%、钢铁占12.5%、矿建占3.7%、粮食占2.9%。

2．自然条件

气象风况：年平均气温为15℃，最高气温38.2℃，最低气温－10.8℃；历年平均风速3.1米／秒，最大风速26.3米／秒，强风向为东南东，常风向为东南，1949年～1972年间，台风侵袭及影响57次，风力一般6级～8级，最大达12级。

降水：年平均降水量1074.1毫米，年平均降雨日121天，年平均降雪日6.6天，最大积雪厚度16厘米。

雾况：年平均雾日25天。

水文潮汐：支流内河年最高水位3.66米，最低水位0.61米，平均水位2.24米；流速小于1米／秒；长江河段潮型为不规则半日潮，最低、最高潮位分别为0.42米和6.38米，平均高、低潮位为3.82米和1.86米（吴淞基面），表面平均流速0.88米／秒。

南通港

令人陶醉的南通港

3. 经济腹地

南通是全国46个重点城市和33个出口商品综合生产基地及14个沿海进一步对外开放的港口城市之一，是长江流域进出口物资的转运枢纽和上海经济区的重要港口城市。市区由一城三镇组成，面积约120.6平方千米，拥有火力发电、机械制造、纺织、电子仪表、化肥、农药、建材等工业，腹地盛产棉花、稻麦、玉米等农副产品。

4. 港口发展历史与现状

1573年逐步形成的通扬、通吕运河就有粮盐运输。1904年成立大达轮埠公司，1956年南通港务局成立，1980年3月本港被辟为长江对外贸易港口，1982年11月对外轮开放。1984年4月南通市被列为对外开放的沿海14个港口城市之一。1965年建立南通市港务管理处，统一管理承担内河装卸运输业务。

本港由南通港务局和南通市港务管理处分别所辖港区组成。港区自然岸线包括长江及内河部分共长100千米，陆域面积53万平方米，水域面积6299万平方米。泊位474

个，总延长14064米；万吨级以上泊位4个、千吨级以上泊位14个、500吨级泊位12个、300吨级泊位36个、200吨级以下泊位204个；仓库面积2.5万平方米，堆场面积15.6万平方米，客运候船室面积2671平方米；装卸机械895台，其中起重机械261台，最大起重能力40吨。南通港是对外开放的一类口岸，其下属吕四海港为二类口岸。南通港所属的南通市是我国14个对外开放沿海港口城市之一。南通港口岸拥有海岸线206千米，长江岸沿线230千米，有丰富的深水资源可供开发，已建成24座万吨级以上泊位，其中3座集装箱专用泊位。港口年吞吐量达到1600万吨以上，外贸年吞吐量达到300万吨左右。已开通南通至日本、韩国定期国际集装箱班轮航线。南通港区已同64个国家和地区的170多个港口通航。

长江南通段宽约8千米，水深10米以上，江面开阔，河势稳定，具有发展造、修船业的良好条件。南通已拥有13家修造船厂，55家船舶产品生产厂，已成为我国重要的修船基地。

七、镇江港

1．港口简介

镇江港，位于江苏省中部、长江下游南岸，中国两条黄金水道——长江和京杭大运河的交会点上。镇江港所处的地域位置，是中国经济最发达的长江三角洲地区，其腹地经济和技术实力十分雄厚。优越的地理位置和区位优势，为镇江港创造了得天独厚的发展条件。由镇江港沿运河北上，可达鲁南、皖北的煤炭产地；沿运河南下，可至苏南各工业城市及浙江的杭嘉湖地区；溯长江而上，可直达皖、赣、湘、鄂、川五省的广阔地区；顺长江而下279千米，出江入海通达世界各国港口。港口公路与312国道、218省道、京沪、沪宁、沪成高速公路贯通；港区铁路经京沪铁路干线与全国铁路网相连；港口两翼100千米内均有高速公路直达南京国际机场和常州机场。凭借着优越的地理位置、发达的经济基础和优良的深水泊位，镇江港已成为长江流域、淮河、京杭运河沿岸地区对外贸易的重要口岸和苏南、苏北及长江中下游沿岸重要的江、海、河联运,铁路、公路、水路联运的中转枢纽。

2.自然条件

气象风况:常风向为东,风力一般为3级~4级,强风向为西北风。风速大于17米/秒的风日年均15.6天。

降水:平均年降雨量为1066.2毫米,平均降雨日数120天。

雾况:年平均雾日26天,最多48天,最少12天。

气温:年平均气温15.4℃,最高为40.9℃,最低为-12℃。

水文潮汐:年最高水位6.48米,最低-0.66米;最大流速20米/秒,平均为1米/秒。最大断面平均含沙量为每立方米0.4千克。每日涨落潮两次,涨潮平均历时3小时25分,落潮平均历时9小时,最大潮差2.1米,最小为0米,平均为0.94米。枯水期涨潮时有明显逆江流,流速为0.5米/秒~1米/秒;7级以上东北风时,最大波高为1.5米,其他风向波浪甚微。

地震:地震基本烈度为7度。

3.港口发展历史与现状

从东汉建安十三年东吴孙权移治京口作为开端,镇江港迄今已有近1800年的历史。自公元605年隋炀帝开凿京杭大运河以来,就奠定了镇江港作为历代南北漕运中心的地位。南宋以后,特别是明清时期,镇江港又发展成为长江中下游及运河沿线商品中转的重要口岸。如今,镇江港已经从千年古港发展成为一座国家主枢纽港。

镇江港的地理条件十分优越,江面宽阔,码头前沿和主航道水深均在11米以下,5万吨级船舶可常年通航,进港最大船舶为7.2万吨级,主江岸线总长139千米,现拥有高资港区、龙门港区、镇江老港区、谏壁港区、大港港区等五大港区,还规划发展高桥和扬中港区。

高资港区是镇江市西部工业港区。主要有船山石灰石矿、京阳水泥、苏镇发电、李长荣石化工业、中海马日石油气等企业专用码头,以散装水泥、甲醇、煤炭、石油、液化气等进出口货物为主。

龙门港区是镇江港老港区实施功能转换后新建的深水港区,也是镇江市新的江海中转门户,是近两年镇江港重点发展的公用深水港区。投资额1.2亿元的工程结束后吞吐量可达200万吨。

镇江老港区是具有近1800年历史的镇江港老码头。现已脱胎换骨，今日的老港区，已成为镇江市集观光旅游、休闲娱乐为一体的风景秀丽的江滨风光带。

谏壁港区是镇江市东部能源、石油化工工业港区。主要有谏壁电厂、索普化工、谏壁油库、中盛油脂、东海油脂等企业专用码头，以煤炭、石油、化工产品、油脂的进出口货物为主。

大港港区是镇江港主体公用深水外贸港区。经过总投资3.73亿元的一期和二期工程建设后，镇江港具备了承接矿石、磷矿、钢管、煤炭、焦炭、硫黄、元明粉、钢铁、木材、化肥、粮食、纸浆、废钢以及集装箱等货种的能力，是长江中下游地区最具竞争实力的港区之一。其中，作为现代化港口重要标志的集装箱运输业务，近几年呈跳跃式发展，每年以近40%的速度递增。镇江港不断加大集装箱装卸能力的投入力度，先后添置了集装

镇江港港口装卸作业区

箱装卸桥、正面吊、集卡等大型集装箱运输设备，安装了集装箱码头计算机管理系统。在不断改善集装箱集疏条件的同时，镇江港努力拓展业务，吸引了马士基、长荣、中远、中海、达飞、东方海外等船公司经营至上海内支线运输业务，并开辟了镇江至上海、江浙、华南、华北等地区的内贸航线，由此镇江港集装箱月航班密度约达200个班次。集装箱运输已经成为镇江港新的经济增长点。

目前，镇江港公用生产性泊位28个，其中万吨级的深水泊位8个，5000吨级深水泊位两个，2000吨级深水泊位5个，2.5万吨级浮筒泊位两个，内河百万吨级泊位11个。水上锚泊基地6座，库场面积达42万平方米；拥有大型机械设备220余台，码头前沿最大起重能力44吨；港口固定资产达8亿元。

镇江港已由一个装卸作业区发展成为拥有大港港务总公司、龙门港务总公司、集装箱公司、轮驳公司、外轮理货公司、公共事业公司、货运中心、监理公司、货物代理总公司、国际海员俱乐部等20多

个门类齐全、综合配套、服务健全的港口服务企业。

镇江港先后与50多个国家和地区的120多个港口建立了外贸运输业务，已成为江苏省能源、钢铁、木材、矿建材料、粮食、煤炭等内外贸货物的集散枢纽。现在，镇江港的服务半径已经由原来的长江沿线地区拓展到新疆的乌鲁木齐，并成为我国中西部地区物资进出口的绿色通道。2002年5月30日，年产煤炭居全国第二的兖州煤业，正式将镇江港定为自己企业的煤炭中转重点港口。兖州煤业看中的是镇江港优越的地理位置，便捷的铁路、公路、水路交通运输条件，装卸生产功能较强的内河港池和镇江港人一切为货主着想的服务意识。近些年来，镇江港人苦心经营，重新打造诚信为本的品牌，在加大投入、完善基础设施、提高通过能力的同时，也在不断地努力改善港口的软环境，以优质高效的服务迎接四方宾客。港口干部职工一直恪守"货主至上，船东至上，质量一流，效率一流"的经营理念，坚持"双赢"的竞争理念，从单纯地吸引货

源在港装卸到向货主提供多方位、全过程的物流服务。镇江港服务功能齐全，已形成从船货代理、引水靠泊、检查检验，到货物装卸、货物储存、货物中转的一条龙服务。多年来，镇江口岸各服务单位坚持"以法把关、监管有效、方便进出、服务优良、管理科学、收费合理"的国际一流口岸标准，以高效的办事效率和优质的服务，及时为企业、货主和船东提供服务。

镇江港在镇江市的经济发展中扮演着十分重要的角色。随着改革开放和经济的发展，镇江市在实施跨越发展的战略中，再次将港口优势放在了首位，提出了打"港口"牌、做物流文章、积极发展沿江经济产业群的战略部署。作为上海国际航运中心组合港的重要成员，集黄金海岸、黄金水道于一体的镇江港将抓住我国加入WTO以及西部大开发的契机，进一步加快港口建设步伐，拓宽港口功能，投资额10亿元的大港三期工程已正式开工。预测到2015、2020年镇江港年货物吞吐量分别可达5000万吨、5800万吨，其中集装箱吞吐量分别可达54万标准箱、70万标准箱。

未来的镇江港将成为集装卸、仓储、加工、贸易、信息、旅游等多产业服务体系和配套功能为一体的现代化国家级主枢纽港和横跨南北、贯通东西的现代物流集散中心。

第十五章 江西省的港口

九江港

1.港口介绍

本港位于长江下游南岸，江西省九江市境内，西距武汉港269千米，东距吴淞口844千米。沿江上溯可抵鄂、川，顺流而下可达皖、苏、沪等省市。港区有铁路专用线经南浔线和浙赣线相连，西通湘、桂，东达闽、浙；公路贯通省内外，形成水陆交通网络，为江西省进出江海的水陆联运枢纽，也是本省开展对外贸易的唯一口岸。

2.自然条件

气象风况：年极大风速37.1米/秒，常风向为东北风，频率20%。

降水：年平均降雨量1412.3毫米，年平均降雨日141天；最大积雪厚度25厘米。

雾况：年平均雾日8天。

气温：年平均气温17℃，最高气温40.2℃，最低气温-9.7℃。

水文：年最高洪水位为20.19米，最低枯水位为4.58米，平均水位12.09米，平均流速0.8米/秒~10米/秒。

3.经济状况

九江市是历史悠久的文化古城和避暑游览胜地，也是赣北政治、经济、文化中心。港口辐射面大，经济条件广阔，境内矿产丰富，工农业生产初具规模。江西省盛产钨、铝等稀有金属，德兴铜矿储量丰富，此外还有铁、煤、锰、锌等100多种矿藏。江西省是我国主要的商品粮基地，粮食作物以稻米为主，经济作物有棉花、油菜籽、茶叶、花生等。江西省有富饶的森林资源，木材总蓄积量达2.6亿立方米。江西省还是我国重要的淡水鱼

夜观九江

产区。江西省工业门类比较齐全，景德镇瓷器享誉中外，手工业发达，重工业具有相当规模，每年外贸进出口运量7万吨。同时，九江港又是闽、浙、赣三省水陆联运及物资中转的枢纽。

4.港口发展历史与现状

本港自汉代逐步形成。东晋、南朝，经隋唐和宋元明清，港口几经发展和衰落，直到1949年新中国成立，才使九江港获得新生。原交通部长江航务管理局设九江港务管理局。港区自然岸线长28千米，陆域面积65万平方米，水域面积4480万平方米，泊位43个，总延长2025米。最大靠泊能力5000吨级；仓库面积1万平方米，堆场面积26万平方米；铁路专用线3871米；装卸机械157台，其中起重机械24台，最大起重能力30吨，输送机械87台；候船室面积2915平方米。进出口货物，以煤炭、石油、矿建材料为最大宗。

第十六章 重庆市的港口

一、涪陵港

1. 港口介绍

本港位于涪陵区，地处长江上游川江河段，乌江与长江汇合处。长江水路上距重庆120千米，下距上海2279千米。乌江上行452千米，小型货轮可达贵州省思南县。陆上对外公路有涪丰（都）石（柱）线接川汉公路（重庆——武汉），涪渝、涪垫（江）、涪南（川）、涪武（隆）等线接川湘（重庆——长沙）公路。

2. 自然条件

气象风况：年最大风速24.4米/秒，平均风速1.0米/秒，常风向东北，频率7%，次为北风，频率6%。

降水：年平均降水量1073.5毫米，年平均降水日（日0.1毫米以上）149.6天。

雾况：年平均雾日32天，最多53天，最少17天。

气温：年平均气温18.2℃，最高气温42.2℃，最低气温−2.2℃。

水文：长江最高水位172.06米，最低水位134.42米；最大流量68000立方米/秒，最小流量3150立方米/秒。乌江最大流量21000立方米/秒，最小流量218立方米/秒。

3. 经济腹地

港口经济腹地为涪陵地区的6个县及黔湘鄂9个县。涪陵地区人口400万，面积23591平方千米。腹地经济以农业为主，烤烟、油菜为省重点产品；腹地是油桐、生漆、药材的国家重要产区之一。工业以煤炭、建材、造纸为主。腹地矿产资源丰富，目前，汞、铝矾土等10种矿产的开采已具有一定规模。

4．港口发展历史与现状

公元前280年，长江、乌江已有木船运输，货物经涪陵中转。1960年四川省政府成立涪陵港务局，1963年港务局收归长航至今。1984年涪陵市成立港口码头管理站，开始试行对港口的管理。

港区包括长江、乌江两部分，自然岸线长86千米，陆域面积780万平方米，水域面积1518万平方米，泊位108个，总延长3945米，最大靠泊能力1500吨级；仓库总面积1.07万平方米，堆场面积2.63万平方米，候船室面积397平方米；装卸机械14台，其中起重机5台，最大起重能力20吨；职工人数3747人，其中装卸工人及司机434人，固定资产原值4579万元；货物吞吐量215万吨，其中出口123万吨；旅客吞吐量410万人次。2011年港口吞吐量中，煤炭51万吨，化肥、农药30万吨，非金属矿石25万吨，水泥17万吨，矿建材料16万吨，杂货36万吨，其余为粮食、钢铁、木材、石油。

涪陵港港口卸货作业

二、万州港

1．港口介绍

本港位于重庆市万州区，地处长江上游北岸，溯江而上335千米抵重庆，顺江而下949千米达武汉港。本港西自沱口，东至猴子石，北傍万州区，南靠翠屏山，自然岸线长约26千米。从万州港沿长江上行达宜宾，下行直通上海，每日在港停靠有长航渝宜、渝汉、渝申客轮，下水停此过夜，上水到此停泊，以补充生活用品。还有地方客轮上水至涪陵，下水开往宜昌等客运航线。陆路交通有经万州港的318国道川汉公路，还有目前在修建的川陕省际公路，连通川鄂公路干线，加上本区内沟通县及县以上的公路形成网络。

2．自然条件

气象风况：年最大风速33.3米/秒，平均风速0.7米/秒，多西

万州码头印象

万州港停靠货船

北风，频率6%。

降水：年平均降雨量1185.4毫米。年平均降雪日0.3天，最大积雪厚度5厘米。

雾况：年平均雾日37.4天，最多为73天，最少为14天，雾持续时间最长38小时40分（1984年1月12日）。

气温：年平均气温18.1℃，最高气温42.1℃，最低气温-3.7℃。

水文：最高调查水位157.78米；实测最高水位143.16米，最低水位100.87米，平均水位109.68米。年最大流量76400立方米/秒，最小流量2690立方米/秒，平均流量12700立方米/秒。最大流速5.06米/秒，最小流速0.74米/秒。最大含沙量7.33千克/立方米，最小含沙量0.009千克/立方米。

3．经济腹地

万州区面积242平方千米。全区工业企业主要有电力、煤炭、化学、建材、仪表、塑料等。

4．港口发展历史与现状

隋唐以后，港口渐趋兴旺。

1902年被辟为通商口岸。1917年设立海关。1951年港口成立装卸运输公司，1952年同时成立港务局，西南内河一分局万县内河管理站。

万州区内现有8个主要港区、13座集镇码头，153个各种码头泊位，码头最大靠泊能力3000吨级，港口的货物吞吐能力达到1200万吨，集装箱吞吐能力达到5万TEU；完成14.6亿元水运港航基础设施建设投资，是前十年的22倍。全区拥有323艘各类船舶、载重吨达到36万吨、载客量16801客位、集装箱1288TEU、滚装车位1656车位、船舶功率120863千瓦；完成运输船舶建造投资7.2亿元。客船朝着旅游化发展，更加舒适和多功能化；客运则朝着旅游运输、涉外旅游运输、观光休闲运输方向发展。货船朝着大型化和特种化方向发展，一大批拖带船队逐年被大型自航货轮替代，拖轮驳船及一批不适应市场需要的船舶已逐步被淘汰，油船、滚装船、集装箱船、液化危险品船从无到有，逐渐丰富了万州航运的业务种类，货运朝着集装箱、大件、重件、成品油、化学

品、滚装运输方向发展，形成了多元化的运输格局。经营范围涉及重庆至江阴、武汉、南京及涉外旅游运输，重庆、万州至宜昌普客运输，川江滚装运输，长江干线液化危险品运输，外贸集装箱内支线班轮运输，长江干线及支流普通货物运输。

三、重庆港

1．港口介绍

本港位于重庆市长江与嘉陵江交汇处。是长江上游唯一的水陆联运对外贸易港口。顺流下行2399千米到上海，溯长江而上372千米达宜宾；沿嘉陵江上行325千米至南充。铁路有成渝、川黔、襄渝线与九龙坡、猫儿沱及兰家沱港区接通。本市公路有6条国道、省道连通省内外。

2．自然条件

气象风况：常风向为北，最大风力6级。瞬时极大风力可达11级。

降水：年平均降雨量1100毫米，年平均降雨日134天。

雾况：年平均雾日111天，最多205天。

气温：年平均气温17.5℃～

18.5℃之间，最高气温44℃，最低气温−2.5℃。

水文：年最高水位193.50米，最低水位159.47米（吴淞零点为基准）。洪枯水位最大变幅34.03米，常年为25米左右。猪儿碛河段枯水流速1.75米/秒～2.78米/秒，中、洪水流速为2.5米/秒～4.0米/秒。

3．经济腹地

本港的经济腹地主要包括重庆市辖9区12县及四川、云南、贵州三省。腹地面积113.6万平方千米，主要资源：磷矿、煤炭、铁矿及有色金属矿的储量分别占全国的58.8%、11.3%、19%及63.2%。木材资源仅次于我国东北。重庆市面积22341平方千米，主要物产有煤炭、钢铁、水泥、粮、油等。本港货物吞吐以煤炭、钢铁、非金属矿、建材、化肥、石油及粮、盐等为大宗。其中煤炭、钢铁及非金属矿为主要的西南出口物资，石油为进川物资。

黄昏中的重庆

4．港口发展历史与现状

本港早在公元前11世纪就成为西南的交通中心。至明清时期，成为出川粮、盐的集散地和滇铜、黔铅的中转港。1898年第一艘轮船驶入重庆港。1983年成立港口管理局，并将市属码头管理站移交港口管理局。

港区陆域面积910万平方米，水域面积1222万平方米，自然岸线长143千米，泊位215个，总延长16084米，最大靠泊能力3000吨级；仓库面积3.03万平方米，堆场面积32.4万平方米，候船室面积1872平方米；铁路装卸线长度2159米；港作拖轮1艘；装卸机械216台，其中起重机56台，最大起重能力180吨。重庆港已经成为长江上游最大的综合水运中转港和集装箱枢纽港，是重庆物流中心、航运中心的重要支柱。港口年货物吞吐量达到6000万吨以上，集装箱吞吐量达150万TEU。

第十七章　浙沪沿海港口

一、海门港

1. 港口介绍

海门港位于浙江省中部沿海的台州湾椒江入海河口内，是浙江省沿海的4个中型海港之一。属浙江省台州市椒江区辖境。海门港交通比较便利，北距上海450千米，南距福州489千米。公路经过104国道与全省公路网相连。民航路桥机场距港口以南12千米。海运可达全国各大港口和国际港口，内河200吨级货轮经灵江、永宁江直抵临海、黄岩。客运已开辟3条航线。目前

海门港口

港口已形成海陆空立体联运优势，为进出货物提供了较好的集疏运条件。目前与美国、加拿大、日本、新加坡、意大利、德国、英国、荷兰、比利时等多个国家和中国香港地区的港口有贸易运输往来。

2．自然条件

气象风况：常风向西北及西北北，强风向西北及东北北，年平均风速20米/秒，极大风速40米/秒以上。每年夏秋有2次～5次台风，对港口生产有较大影响。

雾况：年平均雾日28天，多发生在2月～4月，一般雾日持续4小时，大多在上午10时消散。

气温：年平均气温17.0℃，最高38.1℃，最低－6.8℃。港口全年无冰冻。

水文潮汐：属不规则半日潮，最高潮位6.22米，最低潮位－0.91米，平均潮差4.0米。

潮流：港区一般涨潮流速0.82米/秒，落潮流速0.72米/秒。

3．港口现状

海门港是浙江省中部沿海和台州地区重要的水上门户，是一个水运、陆运、空运相衔接，客货运输并举，大中小泊位配套的综合性海港。海门港的水域包括：三山灯桩与黄樵灯桩连线以东至岩头、竹屿、屏风山、五棚屿、竹力屿、达岛连线以内。岸线长约47.8千米，水域面积约865平方千米。海门港现有码头41座，泊位48个，其中浅吃水万吨级的泊位1个，1000吨～3000吨级泊位10个，其余均为1000吨级以下。另有系船浮1个，可锚地和系泊浅水吃水万吨级船舶。码头岸线总长1.9万米，其中生产岸线7200米。海门港主要锚地有大麦屿避风锚地，可避台风及诸风向风；三门湾驳载锚地，可避除东南、东风外的诸风向风。进港航道位于台州湾，呈东西向，航道顺直，与流向一致，平均海平面2.9米，乘潮可通航浅吃水万吨轮。全港主要导航灯桩有东矶灯桩、大荣花灯桩、小竹山灯桩、牛头颈灯桩、台州湾航道有4个灯浮。全港有仓库面积1.2万平方米，堆场面积1.27万平方米。主要装卸机械设备共88台（辆），单机最大起重机能力16吨。港作船舶共有12艘，总功率2229千瓦，其中拖轮1艘。

二、宁波港

宁波港位于浙江省宁波市，地处中国大陆海岸线中部，是国家重点建设的大陆沿海四个国际深水中转港之一。宁波港共包括北仑、宁波、镇海、大榭、穿山五个港区，是一个集内河港、河口港和海港于一体的多功能、综合性现代化深水大港。是我国历史上对外贸易的重要港口和海运中转枢纽，也是世界上的重要港口。

宁波老港主要为客运港，现在最重要的港区是北仑港。这也是我国第一座10万吨级的矿石转运码头。北仑港港阔水深，有可以进入30万吨级巨轮的航道。码头基础设备先进，机械化程度高，巨型装卸船的抓斗一次能抓30吨矿砂。一艘10万吨级的船舶货物，一天多时间就能完成。镇海港建成有两座万吨级和3000吨级的煤炭专用码头，并在甬江口东侧新建两座24000吨级的原油码头。

宁波港在区位、航道水深、岸线资源、陆域依托、发展潜力等方面具有较大优势。现有生产性泊位198座，其中万吨级以上深水泊位

宁波货运码头

37座。含有25万吨级原油码头，20万吨级（可兼靠30万吨船）的卸矿码头，第六代国际集装箱专用泊位以及5万吨级液体化工专用泊位。宁波港主要经营进口铁矿砂、内外贸集装箱、原油成品油、液体化工产品、煤炭以及其他散杂货装卸、储存、中转业务。2003年宁波港货物吞吐量超185亿吨，同比增长20%以上，仅次于上海港，居中国大陆港口第二位；集装箱吞吐量277万TEU，居中国大陆港口第五位，比2002年增长48%以上，增幅连续5年居中国大陆主要集装箱港口第一位。

2006年，宁波港入围世界集装箱"五佳港口"，是中国大陆唯一入围的港口。目前宁波港已与全球100多个国家和地区的600多个港口有贸易往来，形成了覆盖全球的运输网络。

2007年宁波港货物吞吐量突破3.45亿吨，居我国港口第二位，全球排名第四；集装箱吞吐量超935万TEU，集装箱吞吐量居我国港口第四、世界港口第十一位。2007年宁波港集团完成营业收入53亿元，主要经济指标处于全国港口领先水

从宁波港驶出的货轮

平。国有资产不断增值，至2007年底，宁波港集团总资产、净资产分别达206亿元、117亿元。

三、上海港

1. 地理位置

上海港位于我国18000千米大陆海岸线中部，背靠长江，地处长江东西运输通道与海上南北运输通道的交汇点，属河口型的沿海港口。前通中国南、北沿海和世界各大洋，后贯长江流域和江、浙、皖内河、太湖流域，并由沪杭、沪宁两线与全国铁路干线相衔接，公路204、320、312、318四条国道分别通向烟台、乌鲁木齐、昆明和拉萨；另有沪宁、沪杭两条高速公路。自然条件优越，腹地经济发达，集疏渠道畅通。

2. 经济条件与发展情况

上海市地理环境优越，经济发展迅速。99%的本市外贸物资都是经由上海港进出。上海港也是世界著名港口，2006年货物吞吐量位居世界第一，集装箱吞吐量位居世界第三。

上海港依江临海，依托上海市的经济发展、长江流域为后盾，经济腹地广阔，几乎全国所有省市（包括台湾省）都有货物经过上海港装卸或换装转口。上海港的主要经济腹地除了上海市以外，还包括江苏、浙江、湖北、湖南、安徽、江西、四川等省和重庆市。上海港的水陆交通便利，集疏运渠道畅通，高速公路和国道、铁路干线及沿海运输网发达，可辐射到长江流域甚至全国，对外接近世界环球航线，处在世界海上航线边缘。另外，上海还有发达的航空运输。

至2006年底，上海港海港港区已经拥有1140个各类码头泊位，其中171个万吨级以上生产泊位，91.6千米长的码头线。它含有：175个公用码头泊位，码头线长度为24.6千米，其中121个生产泊位，码头线长度为22.2千米，年货物吞吐能力17051万吨；货主专用码头泊位965个，码头线长度为67千米，其中495个生产泊位，码头线长度为38.2千米。

上海港内河港区有818个码头泊位，最大靠泊能力3000吨级。

2006年上海港完成货物吞吐量

5.37亿吨。其中，海港货物吞吐量4.7亿吨，仍为世界第一大货运港。

四、石浦港

石浦港北连舟山渔场，居大目洋、渔山、猫头洋等国内主要渔区的中心，历来是东海渔场主要渔货交易市场和商贾辐辏之地。现为全国6大中心渔港之一，省二类开放口岸。

石浦港旧称"酒吸港"，又名"荔港"，呈东北——西南走向，由东门、对面山、南田、高塘诸岛围列成天然屏障，形成四岛屏罗、五门环列的"月牙"状封闭型港湾。有铜瓦门、东门、下湾门、蝌门及三门等5个水道与外海相通，港区主干中心线全长18千米，宽0.4千米~3千米，面积约27平方千米，可泊万艘渔船；水深4米~33米，可行数千吨级海轮，港内风轻浪平，可避10级以上大风，是东南沿海著名的避风良港。

石浦镇为浙江省历史文化名镇，面积83.06平方千米，常住人口6万。

石浦港码头待装卸的货物

五、温州港

1. 港口介绍

温州港位于浙江东南部，是浙南地区的海运和海、河、水陆联运枢纽，已成为一个多功能、综合性的商港，是中国沿海主要枢纽港之一。该港主要担负温州市的客货集散，以及丽水、台州和闽北部分地区的客货中转任务。

2. 港口自然情况

气象风况：常风向东南东，强风向东北东及东南。强风风速20米/秒，台风最大风速为36.8米/秒。年平均台风4次，均发生在7月~9月。

降水：年平均降水量1694.6毫米，降水量多集中在5月~9月，约占全年降水量的62%。台风带来的暴雨24小时内最大降水量达200毫米~300毫米，对船舶航行靠泊有一定影响。

雾况：年平均雾日14.7天，多发生在3月~4月。

气温：年平均气温17.9℃，最高气温39.3℃，最低气温-4.5℃。全年无冰封。

潮汐：属不规则半日潮。最高潮位6.46米（按吴淞海基面，以下同），最低潮位-0.52米，最大潮差6.39米，最小潮差0.73米。

潮流：最大潮流流速发生在中潮位，憩流时间发生高、低潮后半小时左右。一般涨潮流速小于落潮流速。

3. 港口现状与发展目标

温州港目前大、中、小泊位配套，担负着江海客货运输及中转任务，已成为浙江沿海重要的中型海港之一。温州港的港区范围以瓯江河口为界，分口内和口外两部分，分布着市内老港港区杨府山装卸区、状元桥港区和龙湾港装卸区，分别由龙湾装卸公司和轮驳公司负责经营。温州港码头岸线总长4490米，岸线3045米。现有大、中、小泊位63个（温州港务局管辖的码头泊位15个），其中万吨级泊位两个，另有浮筒泊位4个，其中口外有乐清湾大麦屿2.5万吨级浮筒泊位两个，港内设有1万吨级和2万吨级浮筒泊位1个，可供大轮水上过驳作业。温州港共有7个锚地，其中货轮锚地4个，引航和外轮联检锚地1个，避风锚地两个。另有系

温州港港口货轮出海

泊浮筒3个。锚地最大系泊能力为万吨级船舶，浮筒最大系泊能力2.5万吨级船舶。口外东北方向有沙头水道，航道走向西南，可通航3000吨级以下船舶；口外东向黄大岙水道，航道走向西偏北，可通航2万吨级船舶；南口的南水道已经淤浅，很少通航。港内外设有各种导航标志共53座，其中导航浮标34座，岸标12座，导流坝标7座。在岐头、盘石、龙湾嘴设有比较大型的灯塔。港区内现有仓库面积1.44万平方米，堆场面积8.34万平方米。港区主要机械设备304台，单机起重能力16吨。全港有港作船

舶35艘，总功率4459千瓦，其中拖轮5艘，驳船16艘。港区设有沿海长途客运站1处，总建筑面积7500平方米，其中候船室面积为1100平方米。

随着2000年国家港口体制改革，温州港也顺应历史发展潮流，进行了政企分开的管理体制改革，成立了市属国有独资企业——温州港务集团有限公司。2007年12月21日正式更名为温州港集团有限公司。集团主要承担国有资产营运管理和港口公共码头建设发展的任务，业务涉及国际、国内集装箱、内外贸件杂散货装卸和运输、埋

温州港货运集装箱局部

货、驳运、客运、物流仓储、船货代理、船用物料供应等。目前集团拥有市区老港区、杨府山港区、龙湾港区、七里港区、灵昆港区、状元岙深水港区和即将兴建的乐清湾港区等几大港区。现有17个生产性泊位，其中10个万吨级以上泊位，两个5万吨级兼靠10万吨级泊位。目前开通的集装箱航线有温州至韩国釜山、宁波、上海国际集装箱航线以及至全国沿海地区及长江内贸集装箱航线等，一月80余班。

温州港在近些年间依靠国家政策及本身的地理优势取得了长足的发展。瓯江口内龙湾港区、七里港区功能不断强化的同时，灵昆港区加快建设，与宁波港集团合作的4个万吨级多用途泊位即将开始后续工程建设。口外深水港区，洞头状元岙港区一期两个5万吨级兼靠10万吨级集装箱码头即将开港。乐清湾深水港区两个5万吨级兼靠10万吨级多用途泊位，已于2011年投产，总投资约17亿元；状元岙二期工程3个集装箱专用泊位项目已获国家发展改革委员会和交通运输部认可，总投资约27亿元，已开始实施。

六、乍浦港

1. 港口介绍

乍浦港，位于浙沪交界、沪宁杭甬"Z"字形经济高度发展密集带中部，与浦东这个长江龙头的核心区同属一个地理单元，是浙江乃至长江三角洲地区最具开发潜力的区域之一。

乍浦港所辖岸线长70.5千米，可建港口岸线40千米，港口通江达海，集疏运条件便利，交通发达，通海航道稳定，是理想的对外贸易口岸。乍浦港自1992年一期公用码头投入运行以来，港口吞吐量逐年递增，外贸吞吐量更显跳跃式增长。2000年全港有万吨级以上泊位6个，货物吞吐量达905.68万吨，为腹地经济发展做出了较大贡献。

忆往昔岁月峥嵘，看如今前程似锦。现乍浦港在建二期工程外海1.5万吨级多用途、件杂货泊位各1个，2万吨级散货泊位1个。同时，乍浦港从"十五"开始，重点开发建设水深条件好、发展空间大的独山港区，其三期工程前期工作正紧锣密鼓加紧进行；结合国家化工、能源及重点工程货主专用码头建设，至2010年，乍浦港吞吐能力达3000万吨，成为长江三角洲港口群中的重要一员。

2. 自然条件

气温：年平均气温15.6℃。年极端最高气温38.4℃，极端最低气温－10.6℃，最热月（7月）平均气温28.5℃，最冷月（1月）平均气温3.3℃。

降水：年平均降水量1203.6毫米。年平均降雨日140天，全年大于等于25毫米降水日12天。年平均降雪日6.6天。降水多集中在4月～9月，占全年降水量的67%。年平均雷暴雨日38天。

气象风况：夏季盛行东南风，常遭台风袭击；冬季盛行西北风，易受西伯利亚寒潮入侵。年平均风速3.3米/秒（1982）。7月～9月为台风季节，台风影响的持续时间一般为一天，最长达三天。

雾况：雾日多集中在春季3月～4月，冬季10月～12月。春季为平流雾，冬季为辐射雾。年平均雾日40.3天，且雾多在上午10时后消散。

潮汐：属不规则半日潮。年

最高潮位6.75米，最低潮位－1.78米；平均潮位2.18米；平均高潮位4.40米，平均低潮位－0.29米；平均潮差4.69米，最大潮差7.52米，最小潮差1.06米。设计高潮位5.10米（10%高潮累积频率潮位），设计低潮位－0.80米（90%低潮累积频率潮位）；校核高潮位6.65米（50年一遇），校核低潮位－1.8050米（50年一遇）。

潮流：潮流较强，流向为往复流。最大垂线平均流速：涨潮1.15米/秒，落潮1.21米/秒；测点最大流速：涨潮1.33米/秒，落潮1.51米/秒。波浪主要出现在5月～8月，尤以8月最甚。

地质：乍浦海底土层上部以淤泥质黏土、淤泥质亚黏土、淤泥质亚沙土、黏土、黏质亚黏土等土体结构为主。下部第四硬层（－37.3米～－35.5米）工程地质条件较好，承载力高，可以与第五硬层（－45米～－39米）合并作栈桥基持力层；第六硬层（－49米～－44米）工程地质条件好，厚度大，承载力高，可作为码头平台基持力层。

3. 发展历程

乍浦自古就有"海口重镇"之称。唐会昌四年（844）设乍浦镇遏使，办理海运商务。南宋淳祐六年（1246）设乍浦舶提司，元为乍浦市泊司，明为税课司。清康熙

乍浦港

二十三年（1684）海禁解除后，乍浦被列为东南沿海15个口岸之一，设有"海关"，人口达5万，被誉为"东南雄镇"。鸦片战争时，乍浦港遭到毁灭性破坏，几乎成了一片废墟。随着上海港的兴起，乍浦港逐渐成为被遗忘的角落，但仍有50吨～300吨级船舶在原遗留的突堤式码头上搁滩靠泊。1917年，伟大的革命先行者孙中山先生在他撰写的《建国方略》中曾提出在乍浦一带开辟"东方大港"，由于社会、经济、历史等原因，孙中山先生的宏愿一直未能实现。

新中国成立后，在20世纪70年代三年大建港时期，乍浦港这颗被埋没了一个多世纪的明珠重新被人们所发现。1975年上海石油化工股份有限公司陈山原油码头两个2.5万吨级泊位在乍浦建成，翻开了新中国乍浦港建港史上新的一页。

党的十一届三中全会以来，港口建设进入了一个新的发展时期。乍浦港一期工程于1987年12月10日开工，建设外海万吨级和千吨级件杂货泊位各1个、内河100吨级泊位12个，1992年7月4日通过竣工验收交付使用。1994年上海石油化工股份有限公司陈山原油码头扩建工程（5万吨级原油泊位1个）建成。1995年嘉兴发电厂煤炭码头（3.5万吨级煤炭泊位和千吨级综合泊位

古老的码头

各1个）建成试投产。1997年核电秦山联营公司重件码头（3000吨级泊位1个）建成投产。1999年浙江海盐华电能源有限公司液化气码头（1500吨级泊位1个）建成投产。2000年全港拥有万吨级以上泊位6个，货物吞吐量达905.68万吨。至2010年，乍浦港吞吐能力达3000万吨，成为长江三角洲港口群中的重要一员。

乍浦港1993年3月被批准开办货轮外贸运输业务，同年12月外贸货轮到港；1994年5月被批准临时接靠外国籍船舶，同年8月外轮到港；1996年1月经国务院同意对外国籍船舶开放。

七、舟山港

1. 港口介绍

舟山港位于长江、钱塘江、甬江入海口处，港池不冻少淤、掩护条件好，是长江三角洲及其流域内港口群体的重要组成部分。舟山港历史悠久，唐宋时曾为我国南北航运和国际航运的避风港和中转港。明代，葡萄牙人占据舟山双屿港，进行国际转口贸易。

舟山港位于浙江省舟山群岛舟山市，地处我国南北航线与长江航线的"T"形交界点，水运交通十分便利；背靠经济发达的长江三角洲，是江浙和长江流域诸省的海上门户。港口具有丰富的深水岸线资源和优越的建港自然条件，可建码头岸线1538千米，其中水深大于10米的深水岸线183.2千米；水深大于20米以上的深水岸线828千米。1987年4月国务院批准舟山港对外开放，已与日本、美国、俄罗斯、朝鲜、马来西亚、新加坡等国有外贸运输往来，并开通了国际集装箱班轮。港口货物主要有石油、煤炭、矿砂、木料、粮食等。随着舟山港的不断开发建设，已逐步形成为以水水中转为主要功能的综合性主要港口。全港有定海、沈家门、老塘山、高亭、衢山、泗礁、马岙、六横、金塘、绿华山、洋山等11个港区，共有生产性泊位382个，其中万吨级以上泊位26个。2008年，全港完成货物吞吐量超过1.58亿吨。

2. 自然条件

气象风况：常风向北到东南，

平均风速3.3米/秒；强风向偏北、偏西北，最大风速30米/秒，基本与岸线平行。

降水：年平均降水量1293.7毫米，多集中在3月～6月及9月，约占全年降水量的40%。

雾况：年平均雾日16天，春季最多。港域有雾维持时间一般为6小时以下。

气温：年平均气温16.3℃，最高为39.1℃，最低为-6.1℃。常年不封冻。

潮汐：港内潮汐类型为规则半日潮和不规则半日潮两种。最高潮位5.04米，最低潮位-0.05米，平均潮差2.54米。

潮流：基本呈往复流，平均涨潮流速一般为1.03米/秒～1.54米/秒，最大可达2.06米/秒。平均落潮流速一般为0.77米/秒～1.08米/秒。

3. 港口现状与发展趋势

舟山港的主要为舟山市经济发展服务，同时承担浙江沿海地区、长江中下游以及华东、华中部分地区货物中转任务。舟山港由老塘、定海（岙山）、沈家门（普陀山、朱家尖）3个港区组成。港域范围主要包括舟山本岛南部水域。有深水岸线59千米，港域面积1000平方千米。

进港主要航道有虾峙门航道，由虾峙角至溜树山，全长1.38万米，水深22米，宽926米，泥石底质，不乘潮通航能力为15万吨级船舶；双峙门航道，由鸦鹊礁至响水礁，总长7400米，水深37米，宽741米，泥石底质，不乘潮通航能力为1万吨级；金塘航道，由黄蟒山至涂泥嘴，总长1.48万米，水深20米，宽为1.12万米，泥底质，不乘潮通航能力为10万吨级；西候门航道，由横断山至老虎山，总长520米，水深20米，宽1296米，石底质，不乘潮通航能力为1万吨级。港口设有灯塔3座，分别为东亭山、菜花山、太平山。港口有仓库面积1.71万平方米，堆场面积16.7万平方米，集装箱堆存能力1667标准箱。有机械设备271台（辆），前沿单机最大起重能力16吨。有港作船舶5艘，总功率1175千瓦，其中拖轮3艘，总功率675千瓦。

1997年10月，根据舟山港的自然条件、岸线分布以及其所属区域的各项功能，浙江省人民政府经商原交通部同意，批复《舟山港总体布局规划》，将舟山港划分为定海、沈家门、老塘山、高亭、衢山、泗礁、绿华山、洋山等八大港区，基本情况为：

（1）定海港区位于舟山本岛定海城区，西起洋螺山灯桩与冷坑嘴，东至勾山浦，包括大猫山、西蟹峙、盘峙、东距、长峙、岙山、摘箬山等诸岛，港区内可供开发的深水岸线达57.4千米。定海港区共有定海、外洋螺、青垒头、瓦窑湾、盘峙、长峙、岙山、甬东、摘箬山等9个作业区。

（2）沈家门港区为本岛勾山浦以东区域，包括普陀山、朱家尖、小干、马峙、鲁家峙、登步诸岛，港区内可开发的深水岸段有14.3千米。沈家门港区内有墩头、普陀山、东港、六横（Ⅰ）、六横（Ⅱ）5个作业区。

（3）老塘山港区为本岛洋螺山灯桩与冷坑嘴以西区域，包括富翅、册子、里钓、外钓、金塘诸岛，可供开发的深水岸线36千米。其中，

舟山港

野鸭山深水岸线长7千米，金塘岸段深水岸线14.5千米。老塘山港区共有老塘山、金塘（Ⅰ）、金塘（Ⅱ）、金塘（Ⅲ）、册子、马目、里钓、外钓等8个作业区。

（4）高亭港区包括岱山本岛及大小长涂、秀山等岛屿，可供开发的深水岸线25.6千米。高亭港区共有高亭老作业区、高亭新作业区及岱东、秀山4个作业区。

（5）衢山港区包括衢山本岛、小衢山、黄泽山诸岛，可供开发的深水岸线长18千米。衢山港区共有衢山、黄泽山两个作业区。

（6）泗礁港区包括泗礁岛及马迹、金鸡、黄龙诸岛，可供开发深水岸线约11千米，其中马迹岸段深水岸线长2.5千米。泗礁港区共有李柱山、马迹山两个作业区。

（7）绿华山港区为绿华山全岛面积，可供开发的深水岸线3.5千米。设绿华山1个作业区。

（8）洋山港区为大洋山、小洋山全岛面积，可供开发的深水岸线3.3千米。设洋山1个作业区。

2007年5月，舟山港抓住发展机遇，调整和扩大对外开放范围。现在舟山港经过多年的发展，一类口岸监管点由最初开放的两个发展到现在的8个；外国籍船舶修理点19个；外轮联检锚地15个；3个二类口岸；5个二类口岸联检锚地。

舟山地区的每一个县、区都拥有了开放口岸，舟山港域对外开放海域、陆域面积已扩展到了1069.65平方千米。

第十八章　香港的港口

维多利亚港

香港素有"东方明珠"的美称，是举世瞩目的美丽的海港城市。这里蓝天碧海，山峦秀丽，自然风光秀美动人。香港的港口地理位置优越，是少有的天然良港，它位于维多利亚海峡近岸，港区海底多为岩石底，泥沙少，航道无淤积。港区水域辽阔，可以同时靠泊50艘巨轮。港区平均水深为12.2米，万吨级的远洋巨轮可以全天候进出港口。港内有3个海湾和两个避风塘能躲风避浪。另外，由于九龙半岛向南伸入海中，消减了风浪，使港区相对平静。

维多利亚港

维多利亚港湾地处香港岛与九龙半岛之间，这里港阔水深，自然条件得天独厚。水域总面积达59平方千米，宽度从1.2千米~9.6千米不等，可以停泊远洋巨轮。维多利亚港有3个主要出入水道，是进入香港的门户。维多利亚港目前有72个供远洋轮船停靠的泊位，其中有43个可供长达183米的巨轮停泊。整个港区开发的码头和货物装卸区总长度近7千米，进出港的轮船停泊时间只需十几个小时，效率之高为世界各大港口之冠。香港港口的助航设施以及港口通信设备也是十分先进和完备的。

20世纪60年代之后，随着集装箱运输的兴起，香港也陆续开办了集装箱的装卸业务，并筹建了现代化的葵涌集装箱码头，码头总面积约85万平方米，全部由人工填海筑成。港口现有6个泊位，可同时停靠6艘万吨级集装箱船舶。葵涌集装箱码头的建成投产，使香港的集装箱运输发生了根本性变化，维多利亚港已成为世界上名列前茅的集装箱港。

香港的港口建设经历了160多年。自鸦片战争英国占据香港后，维多利亚港的使用权一直把持在英国人手中。1997年7月1日，香港又重新回到了祖国的怀抱，香港人正在用自己的双手建设更加美好的香港，香港将会迎来更加辉煌的明天。香港成为货柜港已超过30年。2008年，进出香港的货运和客运远洋船舶和内河船只达到217360艘。香港共处理了2450万个20呎长标准货柜箱，再次证明它是世界上效率最高的货柜港之一。香港也是全球供应链上的主要枢纽港，现在每周可以提供450班货柜船班次，往返全球500多个国家和地区。

港口一直是香港繁荣和发展的重要因素，每年处理的货柜量占香港货运总量的88%。而且，香港的货柜业务对于华南地区的经济发展，同样有很重要的作用。

香港也是最主要的国际港口之一，港口设施全部由私营公司投资、拥有和经营，这在全世界都是少见的。在港口设施上，政府所提供的服务只是负责制订长远的策略规划，以及提供港口发展所需要的基础建设配套设施。

第十九章　台湾省的港口

◎ ◎ ◎ ◎　◎ ◎ ◎ ◎ ◎ ◎

一、"雨港"基隆

基隆地处台湾岛的北端，三面环山，一面临海。基隆港湾直接伸向台北市中心地区；港外以基隆岛、桶岛屿、中山仔及和平岛为屏障，隐蔽条件甚佳。

基隆旧称"鸡笼"，根据地形直观得名基隆岛。这个形状奇特的岛屿，是由一座孤山组成的。它屹立于东海之上，远远望去，其形状犹如一只鸡笼浮在水面上。据说数百年前，我国东海沿海一带的渔民和水手，就是根据这一直观感觉给它取名叫鸡笼岛，位于它背后的港口自然也就称为鸡笼港了。

基隆港又有"雨港"之称。这里雨日之多，雨量之丰，不仅在我国沿海一带数以百计的港口中独一无二，同时，也是世界上最多雨的港口之一。基隆全年降雨日多达210多天。尤其是从每年10月至次年3月，雨水高度集中，平均每个月有20多个降雨日。

位于基隆港港口东南方向约15千米处的火烧寮一带，被人们誉为我国的"雨极"。据统计，火烧寮的最高年降雨量达到8409毫米，为全国年降水量的最高纪录。火烧寮和基隆在地形上一高一低，在位置上距离不远，南北呼应，在气候上则都处在雨雾的笼罩之下，一个是中国的雨极，一个是沿海的雨港，他们构成了美丽的自然景观。雨雾里，山川景色像睡梦中的美人，格外妖娆迷人。

基隆是一个群山拱抱的港市，海陆交通发达，是纵贯铁路和南北高速公路的起点，也是台湾省北部最大的港口。乘车沿着基隆市区行驶，山水之间的街道和雄伟的"S"架公路横过市区上空，直通港口，颇为壮观。基隆港面向东北开口，外窄内宽，港口中部曲折，港区深入市区，毗连街道，分为港东和港西两部分，具有典型的山城港市风貌。

由于基隆处在从印度洋过马六甲海峡入南海，北上东海、黄海和日本海的必经之道上，又是台湾到上海、香港、马尼拉、长崎、东京等重要港口之间的航运中心，战略地位极为重要。1860年，清政府正式在基隆开港，后又设立海关，辟为商港，开始和各国通商。

来到基隆港区，只见东、西码头旁边锚泊着众多的货轮。客运大楼附近，则是各种客轮和货轮的停靠处。登上港口圆形观光塔，举目远眺，港湾东、西、南三面均为丘陵所环绕；东北方向有一条水道通向东海、港外的和平港口东角。它与作为西角的万人堆鼻相对，同时控制船舶的出入。港区可分为外港、内港和渔港三部分。每当北风呼啸之时，外港风大浪高，浪花飞卷，船只不易停泊，而内港则甚为隐蔽，风平浪静，船只可安全停泊。地处和平岛南侧的基隆渔港，是台湾北部的海洋渔业基地。

美丽的基隆港湾

二、高雄港

高雄港位于台湾岛西南沿海的高雄市，濒临南海，隔台湾海峡与大陆福建省相望，扼台湾海峡与巴士海峡航运要道。为我国南北航线和环太平洋航运要冲。航运地理位置十分重要。

高雄港设在台湾海峡南口的高雄湾内。高雄湾是一个狭长的小海湾，长12千米，宽1千米～1.5千米，入口宽仅100米，形状酷似一只口袋，湾内港阔水深，风平浪静，为一个天然良港。港区水域面积1276万平方米，有两个入海口门，进出港航道长18千米，港区海域设有两套防波堤，第一口门宽200米～260米，南防波堤长938米，北防波堤长940米；第二口门宽300米～350米，南防波堤长2190米，北防波堤长5995米。航道和港区水域水深11.3米～16.0米，可供15万吨级海轮进出港和停泊。港区水域锚地有两处，北区锚地水域半径两千米，南区锚地水域半径2.5千米，有浮筒泊位24组，可系泊万吨级以上船舶24艘，超级油轮系泊

浮筒两座，分别可系泊15万吨级和25万吨级巨型油轮。锚泊地可系泊190多艘船舶。

该港区陆域面积达一千四百多万平方米。全港现有营运码头100多座，其中万吨级以上深水码头30多座，码头界线长达22千米，码头前沿水深10.5米～16.0米，可供近百艘万吨级船舶同时靠泊作业，其中集装箱码头15座，界线总长4400多米，码头前沿水深10.5米～14.5米。全港拥有货运仓库96座；容量达57.6万吨；货物堆场20多处，容量达57万吨。集装箱堆场3处，供集装箱堆存转运。港区码头拥有装卸搬运机械1000多台（辆），其中集装箱装卸桥及装卸搬运机械170多台，码头装卸作业已实现了现代化管理。

高雄港主要进出口货物有集装箱、石油、液化气、煤炭、矿石、化工产品、钢材、废钢铁、机械设备、食糖、加工食品、农副土特产品和文化用品等。目前，货物装卸量达3亿吨左右。承担台湾进出口货物量的一半以上，为台湾最大的

对外开放门户和货物集散中心以及台湾省第一大国际贸易港，也是吞吐量超亿吨的世界大港之一。集装箱吞吐量为396万标准箱，仅次于香港、新加坡和鹿特丹港，居世界20大集装箱港口的第四位。为适应对外贸易的需要，高雄港正在加快港口的开发和建设。第四号集装箱码头设计建设7个集装箱泊位，其中有3个集装箱泊位已投入使用；第五座码头包括设计建设水深14米泊位4个和水深16米泊位3个。远期规划开发的第六号码头包括设计建设水深16米的泊位4个，码头界线长1600米以及总面积为120万平方米的港区。在外港区建设的23万吨级的煤炭和矿石深水泊位也已投入使用。扩大了高雄港的吞吐能力。

港口近年平均每天进港船舶达70多艘。主要航线有高雄——马公（146.3千米）、高雄——基隆（424.1千米）、高雄——福州（450千米）、高雄——厦门（188.9千米）、高雄——香港（633.3千米）、高雄——釜山（1698.2千米）、高雄——神户（2092.8千米）、高雄——新加坡（3002千米）、高雄——马尼拉（1013千米）、高雄——悉尼（7839.5千米）、高雄——西雅图（10145.3千米）、高雄——纽约（20307.2千米）、高雄——马赛（经苏伊士运河15088.2千米）、高雄——伦敦、高雄——汉堡（经苏伊士运河18823.7千米）、高雄——鹿特丹（经苏伊士运河18345.9千米）。高雄港内陆路交通便利，有高等级公路和环岛铁路通达港区，这使高雄港成为太平洋西部重要的航运中心和台湾省最大的水陆交通枢纽。